太极拳经 山右王宗岳

太极者，无极而生，阴阳之母也。动之则分，静之则合。无过不及，随曲就伸。人刚我柔谓之走，我顺人背谓之粘。动急则急应，动缓则缓随。虽变化万端，而理惟一贯。由着熟而渐悟懂劲，由懂劲而阶及神明。然非用力之久，不能豁然贯通焉。虚领顶劲，气沉丹田，不偏不倚，忽隐忽现。左重则左虚，右重则右杳。仰之则弥高，俯之则弥深。进之则愈长，退之则愈促。一羽不能加，蝇虫不能落。人不知我，我独知人。英雄所向无敌，盖皆由此而及也。斯技旁门甚多，虽势有区别，概不外壮欺弱、慢让快耳。有力打无力，手慢让手快，是皆先天自然之能，非关学力而有为也。察四两拨千斤之句，显非力胜；观耄耋能御众之形，快何能为。立如平准，活似车轮。偏沉则随，双重则滞。每见数年纯功不能运化者，率皆自为人制，双重之病未悟耳。欲避此病，须知阴阳。粘即是走，走即是粘。阴不离阳，阳不离阴，阴阳相济，方为懂劲。懂劲后愈练愈精，默识揣摩，渐至从心所欲。

朱钦堂师兄笔录《太极拳经》

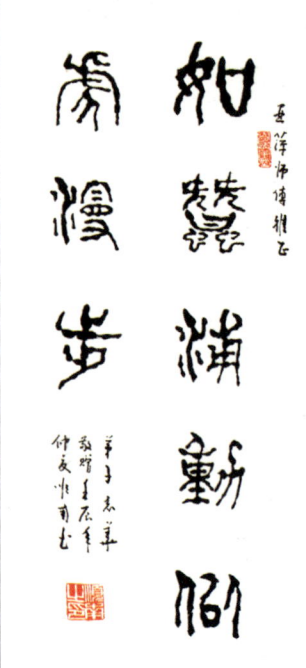

如蚕涌动似虎漫步

2004年德印杯推手散手组合套路参赛人员与曹彦章先生合影

李亚萍 著

运动健康100分
YunDongJianKang100Fen

传统杨式太极拳

入门教与学

人民體育出版社

图书在版编目（CIP）数据

传统杨式太极拳入门教与学 / 李亚萍著. -- 北京：人民体育出版社，2021
（运动健康100分）
ISBN 978-7-5009-5953-3

Ⅰ.①传… Ⅱ.①李… Ⅲ.①太极拳—基本知识 Ⅳ.①G852.11

中国版本图书馆CIP数据核字(2021)第006355号

*

人民体育出版社出版发行
北京新华印刷有限公司印刷
新 华 书 店 经 销

*

880×1230　32开本　6.75印张　193千字
2021年7月第1版　2021年7月第1次印刷
印数：1—3,000册

*

ISBN 978-7-5009-5953-3
定价：48.00元

社址：北京市东城区体育馆路8号（天坛公园东门）
电话：67151482（发行部）　　邮编：100061
传真：67151483　　　　　　　邮购：67118491
网址：www.sportspublish.cn
（购买本社图书，如遇有缺损页可与邮购部联系）

黄永德师伯讲历史

2010年和方宁师父在一起

2012年感恩杯第十届香港国际武术节合影

2017年首届海峡两岸杨式太极拳交流大会合影

2017年首届海峡两岸杨式太极拳交流大会合影

2019年师门春节团拜

2018年5月和汤善福师兄在黄山

2020年华园秋季太极拳培训结业全体留念

序 言

　　杨澄甫先师定型的杨式太极拳大架经数代传承，由于受传承者性情、经历、学识以及思维方式等影响，在不同程度上有了不一样的解读。虽然同是杨澄甫大架，仅从拳谱上就有诸多不同，比如108式、85式、91式、115式、103式、81式等。拳谱虽然不同，演练拳式的顺序却又基本相同；拳式虽然相同，攻防含义和动作细节上又千差万别。因此，让许多初学者一头雾水。

　　市面上看到的一些有关太极十三势的书籍，选取的动作基本上是杨式太极拳的经典、高难动作，看上去非常精彩，但初学者学起来却困难重重。基于上述原因，为完善传统杨式太极拳培训体系，我于2013年编排出《传统杨式太极拳简易13式》套路，并在北京华园武术培训中心推广，取得了很好的效果。之所以叫简易13式，因为我的师伯黄永德先生多次对我提起，师爷崔毅士先生在创编传统杨式太极拳42式时曾经说过"太极拳只能简易，不能简化"。意思是，拳式可以减少，动作要领不能精简。学习太极拳的过程是由粗到精、由简入繁，再由繁化简。传统杨式太极拳简易13式就是面向太极拳初学者编写的简易套路。

太极拳是我国国家级非物质文化遗产，是中华武术中独具儒家、道家思想的传统拳术。很多外国人来中国学拳，都是为寻找传统太极拳的练法。而自从我们把太极拳作为表演、比赛项目，推广成大众健身的运动形式，太极拳就失去了"太极阴阳互根、在动态中不断平衡、和谐变化的辩证核心思想"的理念。黄永德师伯说："健身没问题，不出功夫。"花了那么多时间，流了那么多汗水，有谁不想出功夫？方宁先生更是一针见血地指出"练太极拳就要出太极功夫"。很多有多年竞赛套路经验的拳友纷纷转向对传统太极拳的学习，这就更需要一本揭开太极拳神秘面纱的传统太极拳基础练习方法的书籍。

本书第一章介绍了杨式太极拳的源流、发展和拳架的特点，明确写出基本手型手法、步型步法、身型身法、眼法上的规格标准。第二章以传统杨式太极拳大架套路为载体，精选出十三个式子，细化了每个动作中上肢与步法的动态整合，明确了相关的动作练习要点。初学者可以根据一个拳式的多张图片学习动作，还可以根据提示掌握动作要领。第三章内容属于进阶提高部分。俗话说"不怕做不到，就怕不知道"，传统杨式太极拳的精髓部分都在这里，同时对初学者常见的问题和解决方法提出建议。第四章是有针对性的对身体各部位进行辅助练习的几个方法。第五章是关于在练拳过程中膝关节疼痛产生的原因和养护方法。第六章是需要初步掌握的杨家家传的太极拳经论，如杨班侯的《全体大用诀》被前辈吴孟侠称之为："一字有一字之用，一句有一句之法，字字珠玑，句句锦绣。"

太极拳的学习没有速成，更不可能自学成才。大众健身项目中，太极拳是最难练的，理论人人会讲，怎样练到符合太极拳理却难上加难。难在传统太极拳在传承上的口口相传，进而一步步的修正拳架，打通劲力传导通道，体用结合。修炼者还需要耐得住寂寞，比常人付出更多的时间修炼，从思维方法、用力方式上发生根本改变，从内到外进行脱胎换骨的改变，才能真正进入太极状态。这些都离不开师父的口传心授、面对面点拨，使动作由繁化简为本能的反应，这就是太极拳传承与传播在本质上的不同。过去老辈人讲"法不传六耳"，不是师父保守或故弄玄虚，只是因为每个习拳者心性不同、接受能力不同、学习进度不同，每个阶段都有不同的侧重点，必须根据每个人的状态传授技艺。比如我本人，方宁师父为我打开了百宝箱，而我眼里只能看到我这个层次能感受到的，更多更精华的东西放在我面前，我也是有眼无珠、视而不见。我们每个人在太极拳面前都是小学生，因为不知道前面还有多少艰难的路要走。

在本书完成之时，我要感谢人民体育出版社朱晓峰老师约稿，给我这次难得的机会。《杨式太极拳108式精要·筑基进阶》是为完成曹彦章先生的遗愿而作，而这次为杨式太极拳爱好者写初级入门的书，则让我对传统杨式太极拳有了更深入细致的思考和审视。感谢我的弟子唐嘉韵为本书动作图片示范拍照，并字斟句酌地为我校对文字。还有同门众人对我身体的关爱和对本书的关注之情，在这里一并谢过。书中若有不当之处，敬请方家教正。

李亚萍
2019年春于北京

目　录

第一章　传统杨式太极拳基本知识介绍 …………………… （ 1 ）

　　一、太极与太极拳 ……………………………………… （ 1 ）
　　二、杨式太极拳的源流和发展 ………………………… （ 2 ）
　　三、传统杨式太极拳拳架介绍 ………………………… （ 6 ）
　　四、传统杨式太极拳基本动作及方法介绍 …………… （ 7 ）
　　五、武术礼仪 …………………………………………… （ 21 ）

第二章　传统杨式太极拳简易13式 ………………………… （ 24 ）

　　一、传统杨式太极拳简易13式介绍 …………………… （ 24 ）
　　二、动作图解、要点综述和练习方法简介 …………… （ 25 ）
　　三、传统杨式太极拳简易13式动作名称 ……………… （ 26 ）
　　四、传统杨式太极拳简易13式动作图解 ……………… （ 27 ）

第三章　传统杨式太极拳练习方法 ………………………… （111）

　　一、基本技法要领 ……………………………………… （111）
　　二、常见问题及解决方法 ……………………………… （133）

三、循序渐进的习练进程 …………………………（155）

第四章　太极小功法 …………………………………（163）

一、松肩 ……………………………………………（163）

二、活胯 ……………………………………………（167）

三、松身 ……………………………………………（173）

四、转换虚实 ………………………………………（178）

五、腿功 ……………………………………………（183）

六、桩功 ……………………………………………（186）

第五章　运动保护 ……………………………………（189）

第六章　太极拳经论精选 ……………………………（193）

一、王宗岳《太极拳论》 …………………………（193）

二、杨班侯《全体大用诀》 ………………………（194）

三、杨澄甫传太极拳要论 …………………………（195）

第一章 传统杨式太极拳基本知识介绍

一、太极与太极拳

太极是我国道家文化史上的一个重要概念，古代先贤用哲学思想阐明"太极"是派生万物的本源。"太极"一词最早出自战国中期道家学派主要代表人物庄子《南华经·大宗师》一文，"大道，在太极之上而不为高，在六极之下而不为深"。《易传·系辞》中进一步解释"易有太极，是生两仪，两仪生四象，四象生八卦"。北宋理学家周敦颐在其《太极图说》中又把道家的"无极"概念引入易学中加以深化，提出"无极而太极"，并指出："太极动而生阳，动极而静，静而生阴，静极复动。一动一静，互为其根。"南宋朱熹精辟阐述为："总天地万物之理，便是太极。"

老子《道德经》中有"一阴一阳之谓道"，太极学说最基本的观点是指一个事物的两个方面，即"一物两体"。万事、万物都有两面性，并且不断地变化，具有一定的关联。"太"，其意为大；"极"，指极点、尽头，就是说大到极了、又小到极了。物极则变，变则化，所以变化之源是太极。

太极拳是中华民族传统武术优秀项目之一，是我们祖先在长期的社会实践中不断积累和丰富起来的具有深厚底蕴的国家级非物质文化遗产。传统太极拳生长并根植于民间，渗透着中华民族智慧的结晶，集传统儒家文化精髓和道家阴阳辩证哲学理念,与武术、医术、军事思想完美结合。随着社会的发展变化,太极拳从关乎个人生死存亡的徒手搏击术,变为强身健体的养生术,受大众喜爱,并成为养生健身的首选体育项目。

王宗岳先贤在解张三丰祖师太极拳歌诀中有:"十三势者,掤捋挤按采挒肘靠,此八卦也。进步退步左顾右盼中定,此五行也。合而言之,曰十三势。掤捋挤按,即坎离震兑,四正方也;采挒肘靠,即乾坤艮巽,四斜角也。进退盼顾定,即水火金木土也。"这是较早将太极拳十三势与八卦、五行学说相结合的文字。

王宗岳《太极拳论》曰:"太极者,无极而生,动静之机,阴阳之母也。"由无极而太极,动生于静。无极是静,寂然不动;太极是动,感而遂通。太极图形为两条环抱的阴阳鱼,白鱼中有黑眼睛,黑鱼中有白眼睛。代表着事物变化中的阳中有阴、阴中有阳,体现出阴阳相互依存、互相转化的规律。

简而言之,太极拳是以太极的阴阳变换为基本理念,以拳术动作为载体的武术拳种。太极分阴阳,太极拳是在阴阳思想指导下的分虚实、开合、进退、蓄发、刚柔、松紧、快慢、动静等要素的拳术。以王宗岳的《太极拳论》为理论指导,由外入内、又由内及外;由简入繁,再由繁化简;历尽沧海后又返璞归真,一步步到达太极拳的高级境界。

二、杨式太极拳的源流和发展

太极拳在唐朝时期已有记载,宋元明时期有温州陈州同,明代以后,世传太极拳术乃张真人所传。

据《明史·方伎传》记载:张三丰名全一,字君宝,号三丰。辽东懿州人。生于元定宗贵由二年（公元1247年），其卒年众说不一，据史料，张三丰于明天顺二年（公元1458年）卒。张三丰曾在武当山修炼"内丹功"，著有《大道论》《玄机直讲》《玄要篇》等，并根据老子道家学说及在静坐修炼静功的同时，作为修道的动功创编了静如处子、动如脱兔、柔如灵蛇、刚如猛虎的太极拳术。

早在民国时期就分别印刷出版了由杨澄甫先师口述、陈微明笔录的《太极拳术》以及董英杰整理的《太极拳使用法》和郑曼青整理的《太极拳体用全书》，此三本书是研究、习练杨式太极拳的重要参考著作。书中有关"太极拳术源流"的记载为："拳术有内外家之别。外家传自少林，内家始于宋之张三丰。"

享誉海内外的武术大家吴图南先生认为，张三丰是太极拳的集大成者和中兴者。张三丰祖师遗著《太极拳歌诀》由王宗岳先师精解并注释，落款处为："以上系武当山张三丰祖师所著，欲天下豪杰延年益寿，不徒作技艺之末也。"陈式拳师陈长兴在关于太极拳源流的一篇《序》中详细地记述了王宗岳传蒋发、蒋发传拳于己的过程，成文于"嘉庆元年菊月"，落款"温州陈长兴谨序"。

梳理太极拳的传承脉络，张三丰始创太极拳，由云游道人传王宗岳，王宗岳传蒋发，蒋发传河南温县陈家沟陈长兴，陈长兴传河北广府人杨露禅。

杨式太极拳第一代宗师杨露禅（1799—1872），三下陈家沟向陈长兴拜师学艺，历时十八载。学得真功后，1842年应同乡武汝清邀请，率次子杨班侯（1837—约1892）、季子杨健侯（1839—1917）入京到清廷皇宫和王府授拳，因武艺高强，人称"杨无敌"。从此太极拳走出河北永年来到皇城，又经杨家第三代杨澄甫（1883—1936）将其父杨健侯修订的中架定型为大架，对外传授至平民百姓。百姓中流传着"杨露禅闯天下，杨班侯打天下，杨澄甫传天下"之美誉。

早年杨澄甫先师在北平教拳的场所一个是在太庙（现天安门东侧的劳动人民文化宫），另一个是在中央公园（现天安门西侧的中山公园）里的"行健会"。1928年杨澄甫先师率众弟子离京南下，授拳于南京、上海、汉口、杭州、广州等地，将太极拳传播到大江南北，在几代门人弟子的努力下，太极拳历经中华传统文化的熏陶，带着其特有的风韵，走向全国，传遍世界。

我的师父方宁先生在其自传中写道："为了交流方便，有必要了解杨澄甫先生所授其他著名生徒。上海：田肇霖、武汇川、牛春明、褚桂亭、傅钟文；香港：杨守中（澄甫公长子）、董英杰；四川：李雅轩；西安：赵斌。澄甫公次子杨振基在邯郸，三子振铎在太原，四子振国在邯郸。"

我的师爷、燕京泰斗崔毅士先生（1892—1970）是杨式太极拳第四代传人，17岁带艺进京慕名拜杨澄甫为师，追随杨师潜心修炼太极拳技艺近三十年不离左右，他的练法保持了杨家早期在京城传拳的原貌。1928年随杨师南下，系杨澄甫先生得意门生，武艺超群，人称杨家"顶门杠子"，他的拳架宽大绵柔、沉稳浑厚、气势腾然，技艺炉火纯青，在杨澄甫先师众多弟子中被誉为"松沉第一"。崔毅士先生是杨澄甫先师入室弟子中随师最长者之一，他见证了杨家太极拳各阶段的变化及其发展壮大。崔毅士先生为人纯朴、善良、忠厚，宽容，毕生研习杨式太极拳，他严格遵守杨家授拳的"明规矩而守规矩，脱规矩而合规矩"的训导，专攻杨式太极拳功架。由于多年随师授拳，毕生精心研修，深得杨师器重，凡杨式太极拳、剑、刀、大杆（枪）、推手无不得杨师指点亲传。他功底深厚，造诣精深，尤以推手最为擅长，称其为"松柔大师"。崔毅士一生致力于太极拳的传播发展，培养了众多弟子，影响到全国各地及海外，20世纪50年代初期在北京创建永年太极拳社，是杨式太极拳在北京地区传承的重要代表人物和传播者。

如今，杨澄甫先师的众多弟子及其再传弟子传播太极拳的足迹遍及海内外，将杨式太极拳广泛流传。据统计，在世界太极拳爱好者中，80%以上的人习练杨式太极拳。

太极拳历经数代传承，形成了多个流派，同一流派的拳架套路在不同时期的传承也不尽相同。但是无论怎样，万变不离其宗，只要练的是太极拳就离不开以太极学说为理论基础，离不开以王宗岳的《太极拳论》为指导思想。杨式太极拳创建至今，先贤们将王宗岳《太极拳论》奉为圭臬，"无过不及，随曲就伸。人刚我柔谓之'走'，我顺人背谓之'粘'。动急则急应，动缓则缓随。虽变化万端，而理为一贯。由着熟而渐悟懂劲，由懂劲而阶及神明。"这些精典要言深深影响着每一位太极拳学子，以静制动、以柔克刚、顺势借力、以弱胜强。

杨澄甫先师口述陈微明笔录的《太极拳术》一书中登载的《太极拳术十要》对身法要求"虚灵顶劲、含胸拔背、松腰、沉肩坠肘"，在行拳上要求"分虚实、用意不用力、上下相随、内外相合、相连不断、动中求静"。于松柔中求虚无的气势、求内劲的增长、求异常灵敏的感觉，于松软中求劲起陡然、冷快绝伦、入里透内，浑身是手，全身发劲。

由杨澄甫先师口述、张鸿逵笔录的《太极拳之练习谈》至今仍然是各门派初学者习练太极拳的必修之课。静观杨澄甫先师后期动作拳照，其身法中正，拳势朴实浑厚大方，气势腾然，动作空松灵活，刚柔内含，支撑八面，实具大家风范。他留下的拳照如同名家书法一样，为后人提供了极其珍贵的学习和研究资料。

传统杨式太极拳从河北永年走进京城，历中华传统文化的熏陶，益发显出其从容坚定、气势磅礴、吞吐万物的气派。拳架结构严谨、立身中正，拳势特点舒展大方、圆活饱满、松柔沉静、朴实无华。行拳中自始至终表现出动态中的虚实精准运化，阴阳不断转换，上下相随、周身一家，一动无有不动。呼吸缓慢匀长，内劲绵绵不断，外柔内刚，既适宜于养生健身，又是自卫防身的高级武术。

太极拳过去是不分家的，由于传承脉络不同，传承中的变化，逐渐形成多种不同的演练风格，最早分出的几家是杨式、陈式、吴式、武式、孙式。各家太极拳的拳架有各家不同的演练风格和特点，原则上说练哪家的拳就按哪家的规矩和要求学练。尽管各家各式太极拳的侧重点不同，但只要是太极拳就一定是以王宗岳的《太极拳论》为理论指导，舍此即非太极拳。

杨班侯先生的经典之句："武道并非专为与人相争，实乃健体强身之术也。"随着社会的变迁，由国家体委大力推广，太极拳成为极佳的大众健身项目。经数年操练，太极拳柔和缓慢、内外兼修的健身效果深入每个太极拳爱好者的心中。越来越多的人在强身健体的同时，更加关注传统太极拳的练法、用法，穷尽毕生精力研究、继承和发展传统太极拳。

三、传统杨式太极拳拳架介绍

杨家拳架从杨露禅宗师起至其子孙杨健侯、杨班侯、杨少侯、杨澄甫，每位先师所练的拳架和功法都各有不同。传统杨式太极拳简易13式是按最后杨澄甫先师定型的杨式大架为依据编写。

初学者和老年人站着学拳，无所谓拳架的高低。一旦进入练功阶段，练习的阶段不同，练习的重点部位不同，拳架的高低也就不同。以功架而论有低、中、高三种不同的选择。

低功架练拳是学规矩、练功夫、求开展的阶段，在身型身法、步型步法、手型手法上打下扎实的基础。由于重心下移，架式低、步幅大，髋关节活动范围加大，下肢的支撑力加强。这种抻筋拔骨、大开大合的练习有利于锻炼身体各部位的柔韧性，有利于稳固下盘和增强下肢力量。立身中正、舒展大方、松柔稳定、匀速缓慢是这个阶段的努力目标。

中功架练拳，行拳架势高低适中，练的是松身沉气及轻灵的虚实转换。通过练习，自然而然养成逆腹式呼吸的习惯，达到气沉丹田的目的。中功架练拳求周身圆活饱满，动作连贯绵柔，求手眼身法步处处合度。与推手相结合，由心意的开合带动肢体的运动，虚实的变化由重心的分配转变为由心意运动产生的虚实变化。周身产生松弹劲，重心的移动轻灵自然，前进后退中，四肢的虚实变化相互关联，腰为主宰，恰到好处，行拳绵绵不断，意气放长远。

高功架练拳练的是轻灵圆活、虚无神明。中定内外，周身上下各个大小关节运转圆活自如，身上的每一个关节、每一块肌肉都听从自己支配。内劲在体内像水一样自由流动，毫无阻滞。此时练的是内里的东西，左右的虚实变化，神秘莫测，由外入内，大圈到小圈，小圈到无圈；又由内达外，在推手中迅如闪电，惊弹抖擞，人不知我，我独知人。

太极拳练到一定程度，已不再完全是肢体的运动，速度可快可慢，慢则周身一动无有不动，周身整体一家；快则疾速如风，不再拘泥于一招一式，而处处又暗含招式。

四、传统杨式太极拳基本动作及方法介绍

传统杨式太极拳的基本动作及方法有：手型手法、步型步法、身型身法、眼法、腿法。以下仅对传统杨式太极拳简易13式入门学习中运用到的基本动作及方法加以介绍。如需深入学习，请参考我的另一本书《传统杨式太极拳108式精要·筑基进阶》。

（一）手型

杨式太极拳的手型分为掌、拳、勾三种。

1. 掌

五指自然舒展分开、微屈，掌心微含，虎口呈弧形，大拇指不可外翘，掌指不可用力张开或僵直，也不可松懈、蜷曲。（图1、图2）

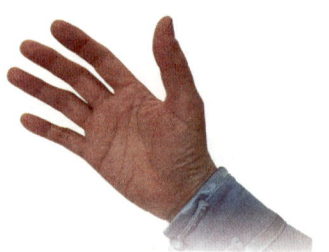
图1　掌-掌心微含

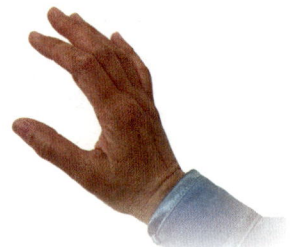
图2　掌-虎口呈弧形

2. 拳

四指屈拢，指尖轻贴掌心，拇指蜷曲，指尖贴按在食指中节上，握成拳型，拳面要平。握拳不宜过紧或过松，要自然握实，并有团聚其气之意。（图3）

拳由拳眼、拳心、拳背及拳面四部分组成。（图4）

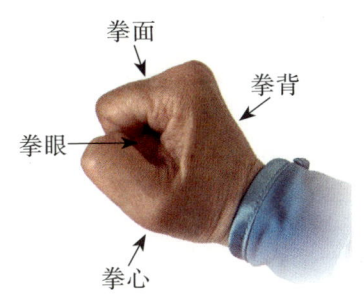

图3 拳　　　　　　　　　　图4 拳的各部位名称

3. 勾

屈腕上提、指尖松垂，五指的第一指节轻贴捏拢，手心空含，勾手要自然松活。（图5）

勾手在技击上是一种擒拿、击打的手法。勾可刁挂，腕可击打（劲力点在腕部）。

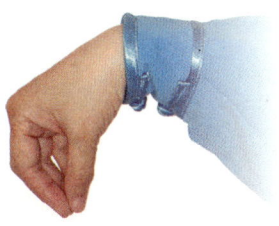

图5 勾

（二）手法

杨式太极拳的基本手法分为腕、掌、拳三种。

1. 腕

（1）坐腕：腕关节背伸，带动指尖上仰，向手背方向运动。如"搂膝拗步"的前推掌。（图6）

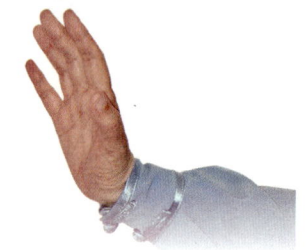

图6　坐腕

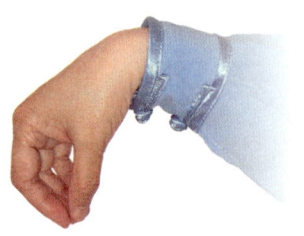

图7　屈腕

（2）屈腕：腕关节屈曲，带动指尖向手心方向运动。如"单鞭"的右勾手。（图7）

（3）扣腕：腕关节外展，带动指尖向拇指侧运动。如"高探马"的右手向前按掌。（图8）

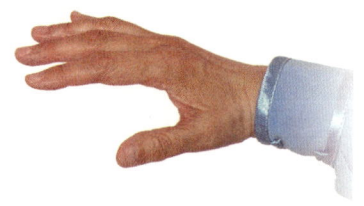

图8　扣腕

2. 掌

（1）搂：掌心向下从异侧经膝前横搂，平于膝旁。如"搂膝拗步"中的弧形搂掌。

（2）推：掌从肩前或胸前向前推出，掌心斜向前，指尖向上，腕高不过肩，低不过胸。如"搂膝拗步"中单手前推的掌、"如封似闭"中双手前推的掌。

（3）拦：掌自同侧而上，立掌在体前横转，指尖斜朝上。如"拦掌进捶"中的左手拦掌动作。

（4）分：两掌同时向身体两侧划弧分开。如"野马分鬃"中的前后分掌。

（5）云：两掌在体前交替向两侧划立圆，两手翻转、拧裹，掌高不过头、低不过裆。如"云手"中两掌向左、右云转的动作。

（6）抱：两掌心上下斜相对，在体前或体侧呈抱球状，两臂呈弧形。如"野马分鬃"中左右式转换时两手上下合抱、"揽雀尾"中上右脚时的两手合抱动作。

（7）掤：随重心移动，腰走横劲，前臂呈弧形，横举于体前，掌心向内，高与肩平。如"揽雀尾"中弓步右掤手的动作。（图9）

图9　掤

（8）捋：两臂微屈，掌心斜相对，两手相距一前臂距离，随腰的转动由前向体侧横捋。如"揽雀尾"中后坐时双手捋的动作。（图10）

（9）挤：后手贴近前手腕内侧，同时向前弓步挤出，两臂掤圆，高不过肩，低不过胸。如"揽雀尾"中挤的动作。（图11）

（10）单手按：左手或右手，掌心向下，向同侧的前下方坐腕下按。如"右搂膝拗步"中由搂转按的向下按掌。（图12）

图10　捋

图11　挤

图12　单手按

(11)双手按化:两掌同时收回按到胸前,松肩屈臂垂肘,掌心向下,虎口相对。如"揽雀尾"中的坐步按掌。(图13)

(12)双手按出:两掌由胸前向前推出,臂由屈而伸,掌心朝前,指尖向上。如"揽雀尾"中的弓步双手按掌。(图14)

图13　双手按化　　　　　图14　双手按出

3. 拳

杨式太极拳拳式中著名的"太极五捶"是搬拦捶、肘底捶、撇身捶、栽捶和指裆捶。本书套路中第10式是"拦掌进捶",涉及到的基本拳法是打拳。

打拳也叫冲拳,拳心向上自腰间边内旋边向前打出。打出后,拳眼向上,拳面向前,打在胸前,臂微屈,力在拳面,高不过肩。

（三）步型

杨式太极拳的基本步型有以下几种：

1. 开立步

两脚分开平行站立，两脚外侧距离约与肩同宽，两腿微屈，两脚脚尖朝前，全脚掌着地，重心落于两腿之间。如"预备式"时的站立动作。（图15）

图15　开立步

2. 弓步

两脚一前一后，全脚着地，前实后虚。前脚脚尖朝向正前方，膝对正脚尖方向，屈膝前弓，膝部不得超过前脚掌；后脚脚尖朝向斜前方大约45°～60°，后腿自然松开，圆裆开胯。两脚前后相距一步长，以能轻松上步落脚而不牵扯重心为准。两脚外侧横向距离大约一肩宽，保持一个自然裆的距离，便于稳定重心和运行自如。如"拦掌进捶"打拳动作完成时的弓步步型。（图16）

图16　弓步

3. 坐步

两脚一前一后，全脚着地，前虚后实。前脚脚尖朝向正前方，膝微向上提；后脚脚尖斜向大约45°～60°，后腿弯曲，膝盖对正脚尖方向，重心坐在后腿上。两脚前后相距一步长，两脚内侧横向距离约一拳到两拳（由于后坐，两脚之间的横向距离不宜过宽）。坐步主要用于引进落空之势。如"揽雀尾"中后坐按化的动作。（图17）

图17　坐步

4. 虚步

后脚全脚着地，脚尖斜向大约45°～60°，腿屈膝半蹲，支撑身体大部分体重；前腿微屈，膝盖上提，前脚脚跟着地，或前脚脚掌着地，脚尖朝前，两脚内侧距离约一拳至两拳宽。如"手挥琵琶"中前脚脚跟着地的左虚步、"高探马"中前脚脚掌着地的左虚步步型。（图18、图19）

图18　虚步一

图19　虚步二

5. 马步

两脚左右平行分开，两脚之间的宽度约是三个脚长的距离，全脚掌着地，两脚尖朝向前方。两腿屈膝下蹲，膝盖不可超过前脚掌，开胯圆裆，重心落于两腿之间，如"骑马式"。杨式太极拳云手出步时有马步步型；在"野马分鬃""搂膝拗步"等拳式运转过程中有半马步步型的过渡；在扣脚转体过程中有半马步步型的过渡。（图20所示为"云手"中的马步步型。）

图20　马步

（四）步法

杨式太极拳的基本步法有以下几种：

1. 上步（前进步）

一腿支撑坐实，后脚经支撑腿内侧向前迈出一步，脚跟先着地。如"搂膝拗步"中的向前上步。

2. 跟步

重心前移，后脚向前跟进约三分之一步长。跟步时，脚掌先着地，如"单鞭"连接"高探马"的跟步动作。

3. 活步

活步时，支撑腿重心不变，虚脚提起后重新落地，意在调整两脚之间的步距、方向或角度。如"手挥琵琶"动作过程中，左脚虚起又重新落地的调整动作。

4. 退步（后撤步）

一腿支撑坐实，前脚经支撑腿内侧向后撤出一步，脚掌先着地。如"倒撵猴"中的向后撤步。

5. 侧行步（平行步）

两脚平行依次连续向左或向右横移若干步。如"云手"中的两脚平行移动步法。

6. 碾步

（1）外摆：以脚跟为轴，脚掌平贴地面向外碾动。如"左搂膝拗步"到"右搂膝拗步"衔接时的前脚外摆动作。

（2）内扣：以脚跟为轴，脚掌平贴地面向内碾转。如"揽雀尾"按式到"单鞭"时的右脚内扣的动作。

（3）内收：以脚掌为轴，脚跟平贴地面向内碾动。如"倒撵猴"后撤步，脚掌落地后，脚跟内收的动作。

（五）身型

杨式太极拳的身型包括以下几种：

1. 头部

杨式太极拳要求虚灵顶劲，颈部自然放松竖直，不可左右偏歪。百会穴轻轻上领，带领颈部和躯干的自然正直，随动作方向的变化，头能灵活转动。目平视，下颌微内收，口唇微闭，舌轻抵上腭。面部放松，保持神态自然。

2. 躯干

躯干由胸、脊、背、腰、腹、臀六部分组成。

（1）胸：胸部舒松自然，不可僵硬，不可故意前挺或内扣。

（2）脊："腰脊为第一主宰"。脊椎要节节松开，脊椎关节自然、中正竖直，屈伸自如，不可左右歪扭。

（3）背：背要舒展，不可驼背。背部肌肉要松活，有弹性，有利于劲力的蓄合与发放。

（4）腰：自然松竖正直，不可后弓前挺、左右偏倚。腰为主宰，腰和胯要同步动作，不可脱离胯单独拧转，不可盲目乱动。

（5）腹：要松净充实，练拳日久自会感到腹部充实饱满，富有韧性和弹性。

（6）臀：尾骨要向内收敛，不可后凸或者摇摆，尾闾中正。

3. 上肢

上肢由肩、肘、腕三个关节以及上臂、前臂和手掌共同组成。

（1）肩：肩是上肢的根节，肩关节要松开，两肩要保持平正，不可耸起，不可有高低之分。行拳时肩要灵活，不要故意后张或前扣。

（2）肘：肘尖要始终保持自然弯曲，不可僵直。肘是上肢的中节，松肩垂肘，腋下虚空。肘不贴肋，肘不离肋，肘部在运动过程中始终保持垂而不瘪，张而不抬。

（3）腕：腕关节要松柔圆活，在运动中坐腕要适度，坐而不僵，柔而不软，松柔中暗含刚劲。

（4）指：手是上肢的梢节，不论掌、拳、勾都要松柔舒适，不可僵硬。掌有虚实之分，掌指时展时蓄，运掌活泼，利于气贯指梢。

4. 下肢

下肢由胯、膝、踝三个关节及大腿、小腿和脚共同组成。

（1）胯："打拳不用手，全凭腰胯走"。胯是下肢的根节，是调整腰腿动作的关健，胯要松开，旋转要圆活，腰胯要同步协调运转。松胯有利于调整身法、步法，使下肢运行变得轻灵。由坐步到弓步向前移动重心时，两胯要平正；当以一腿为支撑，另一腿向前上步，或向后撤步时，实腿的胯要稳实，虚腿的胯要松活。

（2）膝：膝是下肢的中节，膝要屈伸自然柔顺。在弓步时，膝要对正脚尖方向，实腿承重时，膝尤其不要里扣到脚内侧，也不可随意外摆到脚外侧，更不可在膝部产生拧转的力。在做碾步动作时，膝与脚要保持在同一方向上。

（3）踝：踝要松开，要轻柔灵巧。踝关节屈度适当，迈步轻灵，步法灵活。

（4）脚：脚是下肢的梢节，是人体的根基。练拳时，脚要平松落地，脚底涌泉穴与地面相贴，与大地融为一体。迈步时要松开脚踝，以大脚趾引领方向，轻落脚跟，做到"迈步如猫行"。脚尖的下垂和上翘要适度，否则会影响步伐的灵活。脚的外摆、内扣要在腰的支配下，配合胯、膝同步动作。

（六）身法

杨式太极拳的基本身法有以下几种：

1. 起身

顶劲上领，脊骨具有弹性，劲力由腿而上，如拳式中的"高探马"。

2. 进身

步随身进，以身法前进而欺敌，使敌失去重心的着数，如拳式中"搂膝拗步"的身法。

3. 退身

以退步来化解敌力的着法，如拳式中的"倒撵猴"。

4. 转身

向左或向右转体，同时应付敌方多人之法，如拳式中"揽雀尾"按式到"单鞭"的身法。

5. 拧身

移动重心和转体同时动作的拧转身法，如拳式中"野马分鬃"的身法。

另外，在传统杨式太极拳108式大架长套路中，还会涉及回身、翻身、靠身、伏身等身法，这里就不一一介绍了。

（七）眼法

眼神是练好太极拳极为重要的组成部分。传统杨式太极拳讲究"神宜内敛"，不可突眉怒目。眼睛圆睁时，意念全调集在上面，而内里空虚，有误松沉。在整套拳路动作练习过程中，神态要从容自若，目光平静含蓄。

首先，眼睛要向前平视，脸要与身体转动的方向相协调。运行过程中眼神要配合动作的变化，用余光顾及手的运行路线。每式终了时，眼神要通过身前手之上方平视出去，意念放长远了，眼神就能放得出去。基本原则是，学拳之初，眼睛要关注身前手或位置高的手的方向。有一定基础后，眼神随着攻防意识的加入，关注做动作时主动手的运行方向，切忌突然扭头转脸、摇头晃脑或低头下视。

"先在心，后在身"，凡意欲何去，必将眼神先调向何处。一转眼则周身全转，上下相随，劲力完整，眼神总是稍先于手到达将完成动作时的方向。

五、武术礼仪

武术礼仪是习武者应共同遵守的最基本的道德行为规范，是习武之人文明礼貌的一种体现。抱拳礼距今已有三千多年的历史，是汉族特有的传统礼仪。通常，在武术竞赛、表演、训练或社会活动中，以行抱拳礼表示对受礼者的尊重。

1. 抱拳礼行礼方法

并步站立，右手握拳，左手拇指屈拢，其余四指并拢伸直成掌，双手从体侧向胸前合抱，屈臂掤圆，双肘尖略下垂，拳掌与胸相距20～30厘米。右拳眼斜对胸窝，左掌心掩贴右拳面，左指尖与下颌平齐。（图21）

图21　抱拳礼

2. 抱拳礼涵义

右手握拳表示五湖，也表示团结一心，左掌四指并拢伸直表示四海，屈拇指表示不自大；左掌与右拳合抱于胸前，两臂环抱成圆，表示五湖四海、天下武林是一家，谦虚恭敬，以武会友。

3. 行抱拳礼注意项

向前辈行抱拳礼时，要头正、身直、目视受礼者，面容举止大方。如果对方还礼，要等对方落手后，自己再将双手放下。双手向下垂落体侧，两臂不要前后晃动。

第二章　传统杨式太极拳简易13式

一、传统杨式太极拳简易13式介绍

手型手法、步型步法、身型身法是太极拳的基本功，基本功扎实了，拳架周正了，拳式越练越精，才能更深入地对传统杨式太极拳进行探讨学习。这和盖房子是一个道理，地基一定要牢固。传统杨式太极拳定型大架套路中一共有37个不重复拳式，简易13式甄选了最基本的前进步、后撤步、平行步的拳式，并且将大架中出现频率最高的拳式揽雀尾、单鞭等组合在一起，作为初学者的入门学习套路。以此为载体对杨式太极拳的传统练法详细剖析，以最通俗的语言、最直接的可操作方式引导读者进入真实的传统杨式太极拳的学习。

简易13式各式之间的连接，完全遵循前辈先贤们拳式组合的习惯顺序，十分合理流畅，习练起来顺遂安舒、得心应手。前面几式是基本步法，把难度稍大的核心拳式揽雀尾和单鞭放在了中间部位，这种由易到难的套路编排减小了初学期间的难度，非常适合初级入门打基础的学习，对老师的教学也大有帮助。

本套路内容适合传统杨式太极拳的初学者学习，书中以图片为主，多图详细呈现动作细节。其中每一动都有动作要点提示，读者按拳照图示即可进行简单学习，如同老师亲临授课现场。在动作讲解中还详细地讲述了杨式太极拳的传统练习方法，本套路也非常适合用来练习太极拳基本功，利于多年习练者进阶提高。

传统杨式太极拳简易13式，以学练基本动作为主导，引导初学者正确掌握应有的基础动作内容。不展现摆莲、蹬脚、下势等精典高难动作,套路简洁朴实。本套路的编纂充实了传统杨式太极拳教学体系中的初级入门教学内容。

二、动作图解、要点综述和练习方法简介

本书动作图解及要点综述中的内容,以一式多幅图片和对动作的精细描述来展示,同时介绍简易13式套路各个拳式的传统练法和要求,以此为读者提供良好的学习依据。

(1)用文字描述太极拳动作,只能将腿部、腰身和手臂分开来写,练的时候要通过腰胯和脊背把上肢动作与下肢动作整合在一起,动作要求上下相随,周身一动无有不动。

(2)简易13式套路一共有13个拳式,每一个拳式里面分若干个动作,主要是以重心的移动、腰的转动来划分,方便大家学习。单式里动作与动作之间要连贯,不着痕迹。每一式的结束动作就是下一式的开始动作,式与式之间也要相连不断,连贯圆活。

(3)本文约定面向南起势,凡是上步或退步只写出往哪个方向前进或后撤,但迈出的两脚之间要有一个自然裆的距离,即左脚在身体的左侧,右脚在身体的右侧,前脚与后脚不能踩在一条直线上,更不可以将两脚交叉放置。

(4)太极拳练习方位有东、西、南、北、西北、西南、东北、东南,此为八卦。当方向描述中有"东偏南"或"南偏东"等文字出现时,脚落平后,脚尖的方向应该比正方向偏出约30°。

(5)关于手臂的内旋和外旋。转动手臂,大拇指向手心方向运动为内旋;大拇指向手背方向运动为外旋。

(6)初学者要按动作图解的要求一动一动做准确,首先注意脚应该在哪个位置,其次是腰、胸在哪个方向上,手的位置在哪里、眼睛要看哪里。还要关注脚和手的运动路线,是怎样由前一个动作位置运行到

当前位置。练习时要保持身形周正、全身放松，不起硬力、拙力、僵力，按照拳架动作的规格标准完成练习，逐步熟悉、掌握传统杨式太极拳的基本练习方法。

（7）练习太极拳神宜内敛，不可突眉瞪眼。随着拳势的运行，眼睛一般关注在身前运行手或主动手的方向上，不要死盯着手看，要通过手看向远处，没有焦点，把意念放长远。左右换势时，眼神也随之转换。练习时间久了，眼神也会随着拳势的运行有收有放。

（8）整个套路演练时间因人而异，初级阶段手脚不协调，顾此失彼，时间的长短是不确定的。逐渐拳架熟练了，心静下来，尤其是想体会内劲的运行时，时间上会花费多一些。一旦内劲充盈，虚实分明，拳势绵绵不断，行拳速度相对要快。太极拳一动无有不动，慢练不可慢到神情呆滞，快练不可快到呼吸急促。杨振基先生说："具体时间没有规定，但不能太慢。老爷子（即澄甫公）在世时曾说，架子不能打得太慢，太慢容易把拳打散。"杨家家传观点认为："太慢了，意、气、招式连不起来，动作、劲路就会散乱。"所以简易13式套路演练时间大约在四分钟为宜。

三、传统杨式太极拳简易13式动作名称

预备势

第1式 太极起势	第8式 单鞭
第2式 搂膝拗步	第9式 高探马
第3式 手挥琵琶	第10式 拦掌进捶
第4式 倒撵猴	第11式 如封似闭
第5式 野马分鬃	第12式 十字手
第6式 云手	第13式 收势合太极
第7式 揽雀尾	

四、传统杨式太极拳简易13式动作图解

预备势

身体自然正直（面向正南），两脚平行分开，成开立步站立，脚尖朝前，两脚外侧与肩同宽，两膝自然弯曲，重心落在两腿之间。两肩舒松，两臂自然垂落体侧，指尖向下。凝神静气，稍立片刻。（图22、图22附图）

图22

图22附图

【预备势综述】

"太极者,无极而生",传统杨式太极拳的"预备势"从开立步开始,是太极由静而动前的无极状态,阴阳未分,混混沌沌,浑然一气,无形无象。身体保持自然端正,心静体松,双脚平松落地,意无杂念。"内固精神、外示安逸"。

"预备势"为开立步步型。头要保持正直,颈项自然松竖,下颌微微内收,唇微闭,舌尖轻抵上腭,眼平视前方。胸部宽舒,不挺不含。两肩自然松落,腋下虚空。两臂下垂,掌心朝内,手指自然松展。松腰溜臀,腹部松净。两胯根松开,腿部放松,膝关节对脚尖方向,裆部自然圆虚。呼吸顺其自然。初学者尤其不要关注呼吸,以自然为度。

第1式 太极起势

(1)两臂徐徐向前向上举起,同时,渐渐外旋至掌心相对,拇指向上,两腕同肩高、相距同肩宽。(图23、图23附图)

第二章　传统杨式太极拳简易13式

图23

图23附图

动作提示：举臂前先微屈腿、溜臀，松身松肩，两臂向下松垂，指尖渐渐伸展。由虎口朝前引领，两臂徐徐向前上方举起，边举边渐渐外旋手臂，至掌心相对，拇指向上，举至肩平。

随着两臂平举，肩要松沉，不要向上耸。两臂要屈中求直，不要挺直。

（2）屈臂垂肘带动两掌弧形上挑，收至面前，掌心相对，指尖斜向上，两掌距离与脸同宽，虎口与嘴同高。注意两手不要离自己的身体太近。（图24、图24附图）

图24

图24附图

29

动作提示：挑掌是将前臂立起，手向回收，手指不要软，手腕微向内扣。

（3）两臂渐渐内旋，掌心朝下按在胸前，虎口相对，指尖相距约一拳宽。（图25、图25附图）

图25　　　　　　　　　图25附图

动作提示：按掌动作的同时要松身，两肘尖向身体两侧左右拉开，不要夹腋。按在胸前的高度基本与胸同高，掌心向下，按掌不要过低，也不要离身体太近。

（4）两手微内旋，转掌心斜朝前，边旋转边坐腕向前方推出，指尖斜向上，掌外侧与肩同宽，腕低于肩。（图26、图26附图）

图26　　　　　　　　图26附图

动作提示：两手微内旋转掌心斜朝前的同时，有一个肩胸打开、双手向左右微外开的引进落空动作。两手坐腕向前推出时，边推边将两肘尖渐渐下垂，推掌到位时，肩是放松状态，肘尖不要翻翘，两臂不要僵直。

（5）松肩垂肘，自然带动两掌根徐徐向下按至两腿前外侧，两手坐腕，掌心朝下，指尖向前。（图27、图27附图）

图27　　　　　　　　图27附图

动作提示：松肩落臂，两掌坐腕下按，坐腕要适度，不要紧，以自然为好。动作到位时，两臂屈中求直，不要挺直，两肘不要提架。

【太极起势综述】

（1）初学太极拳先从松柔入手，全身松开，不用拙力，达到柔和圆活。肩要松活，臂不可挺直、肘尖不可向上翻翘。"松肩垂肘"是练习太极拳的基本要求，肘向上翻翘，肩必耸起，周身合不住劲。

（2）由"预备势"进入"太极起势"，由无极而太极，是一个节节松身的过程，松脚踝、屈腿、溜臀、松腰松胯；垂臂、松肩松背，周身放松到脚下，完成下实上虚动态。随后再微微敛臀，从脚下向上反出的劲力由腰脊带动双臂上举，掌指不要软曲，这就是太极拳"力起于脚，发于腿，主宰于腰，形于指"的具体体现。整个"太极起势"的挑收、下按动作都应做到从下肢到上肢的节节贯穿、协调一致。

（3）从"太极起势"开始到"收势合太极"，动作的速度要均匀，式与式之间的连接要相连不断，一气呵成。

（4）崔毅士先生的"太极起势"中含有立圆和开合手的动作，这与早期他跟李香远先生学过武式太极拳有关。起势中蕴涵着立圆和开合，起手即周身相合，无一处停顿、僵滞，成为了杨式太极拳崔毅士师门在北京传承的标志性动作。这种两手掌心相对平举两臂的起势方式，使肩开胸阔，更益于养生。

第2式 搂膝拗步

搂膝拗步分左式和右式，是连续上步的式子。套路中一共做3个，两个左搂膝拗步，一个右搂膝拗步。

1. 左搂膝拗步

（1）重心微向左移，身势左转，右脚以脚跟为轴，脚掌向内扣转，脚尖朝向东南；同时，右手臂渐渐松腕外旋，划外弧至面前，掌心向左，指尖斜向上；左手臂渐渐松开并随身势左转微向左划弧，掌心斜向下；眼睛随右手动态向远处看去。（图28）

图28

动作提示：传统杨式太极拳要求实腿碾转，右脚掌内扣之前，重心微向左移，边左转边扣脚，体重不要压在右腿上。扣脚时，腰带胯、带膝、带脚一致转动。

（2）右腿屈膝，重心右移，坐在右腿上；左腿松开，左脚脚跟向上提起；同时，左手渐外旋，自左下向前向右上划弧至面前，掌心朝右，指尖斜向上；右手由上弧形下落至右腹前，掌心朝内；眼随左手动态向远处看去。（图29）

动作提示：起左手、落右手，双手弧形运转要注意松肩，同时重心往右腿上移动，此时腰不要妄动。

图29

图30

（3）重心全部移到右腿，身势右转；左膝屈膝向上提起，左脚向右腿内侧收回；同时，右手由腹前向下向右后方（南偏西）划弧，腕低于肩，掌心朝前，拇指向上；左手向右划弧至胸前，掌心朝下，指尖向右。眼睛余光关照一下右手动态。（图30）

动作提示：右手由右腹前向下向右后方划弧扬起的过程中要把肩关节松开。

（4）身势微左转，左脚向左前方（东）迈出，脚跟着地，胸向东偏南；同时，右手屈臂垂肘收在耳侧，掌心朝前，指尖向上；左手向前探出，掌心朝下，指尖斜向右前方。眼神随视左手动态方向。（图31）

图31

动作提示： 左脚向左前方上步，指的是向拳势运动的方向上步，上步时要注意两脚之间迈出一个自然裆的横向距离，落步后两脚之间的横向距离大约与肩同宽，前后脚不可踩在一条线上。

左脚向左前方上步，不要先转腰将腰胯正对上步的方向，那样会使得后腿膝关节产生拧转，在前移重心时，膝关节将受到损伤。也不可带重心上步，上步后重心仍保持在右支撑腿上。左脚跟落地的瞬间要放松身体，自然松腰开胯。

脚到、手到、眼到。上步的脚一落地，要同时完成右手屈臂和左手前探的动作，眼睛也要随左手的动态往前方看出去。左手向前探出，到达裆前的左膝内侧，真正起到护裆、护膝的作用。屈右臂的动作，要做到松肩垂肘、屈收前臂，肩、肘和上臂不可上抬。

（5）左脚掌落平，脚尖朝向正东，左腿屈膝向前，身势继续左转，重心微向前移成偏马步；同时，左手向前向左绕膝弧形搂至左膝上方，掌心朝下，指尖斜向前；右手移至右肩前，掌心朝前，指尖向上；眼神随视左手动态方向。（图32）

图32

动作提示："搂膝拗步"要先搂后推，初学时往往容易忽略搂手而专注推手。正确的动作应该是左手向前探掌，目的是沾粘对方袭来的手或足，搂手随转腰绕膝时，准备前推的右手要渐渐坐腕至右肩前，掌心斜朝前，虎口呈弧形，右手即将从这里开始向前推掌。此动是典型的马步过渡动作。

（6）身势继续左转，重心继续前移成左弓步；同时，左手渐渐坐腕由左膝上方下按至左膝外侧，掌心朝下，指尖向前；右手顺势从右肩前坐腕向前推出，腕低于肩，掌心斜朝前成侧立掌，指尖向上；眼睛随右手动态向正前方远处看去。（图33）

图33

动作提示：左手由搂转按，边向前弓步边向前推掌，弓步动作到位，前推的掌要同时到位。到位时，推手掌根不要高于肩，侧立掌，拇指对正自己的衣扣中线上。"搂膝拗步"推出的掌，意在打对方的膻中穴，前推的掌还要有护住自己中线的意识。

"搂膝拗步"是拗步步型，出左足、伸右手，即左脚在前，右手在前。所以动作完成时，两肩要平正，不可侧身；左手按掌不要向后拉，肘不要提劲。右推掌不要着意前推，出现右肩靠前、左肩靠后、身形不正的错误姿势。

2. 右搂膝拗步

（1）身势左转，左脚掌外摆落平，重心前移，后脚脚跟向上提起；同时，右手随转体慢慢放松手腕向左划弧，掌心朝左，指尖斜向上，腕高于肩；左臂渐渐外旋，翻转掌心朝内，高与胯平；目视右手方向。（图34）

图34

动作提示：左脚掌外摆落平后，膝盖向左脚脚尖方向移动，腰不要妄动，胸向要和左脚脚尖方向一致，右肩要向前合。要收敛尾骨，不能把臀部丢在后面。同时，虚腿的脚跟向上提起，这样才能使其动作轻灵。

（2）重心全部移到左腿，身势微向左转，右脚向左腿内侧收回，膝向上提起；同时，左手向左斜后方（北偏西）划弧，腕低于肩，掌心朝前，大拇指向上；右手向左划弧经面前至胸前，掌心朝下，指尖向左；眼神关照一下左手方向。（图35、图35附图）

图35　　　　　　　　图35附图

（3）身势微右转，右脚向右前方迈出，脚跟着地；同时，左手屈臂收在耳侧，掌心朝前，指尖向上；右手向前探出，掌心朝下，指尖斜向左；眼神随视右手动态方向。（图36、图36附图）

图36　　　　　　　　图36附图

（4）右脚掌落平，脚尖朝向正东，右腿屈膝向前，身势继续右转，重心微向前移成偏马步；同时，右手向前向右绕膝弧形搂至右膝上方，掌心朝下，指尖斜向前；左手移至左肩前，掌心斜朝前，指尖向上；眼神随视右手动态方向。（图37）

图37

图38

（5）身势继续右转，重心继续前移成右弓步；同时，右手渐渐坐腕由右膝上方下按至右膝外侧，掌心朝下，指尖向前；左手顺势从左肩前坐腕向前推出，腕低于肩，掌心斜朝前成侧立掌，指尖向上；眼睛随左手动态向正前方远处看去。（图38）

3. 左搂膝拗步

左搂膝拗步动作与右搂膝拗步相同，唯左右相反。（图39~图43）

图39　　　　　　　　图40

图41　　　　图42　　　　图43

【搂膝拗步综述】

（1）"搂膝拗步"是前进步法，是太极拳的基本步法之一。"搂膝拗步"分左式和右式，左弓步时为左搂膝拗步，右弓步时为右搂膝拗步。

（2）三个连续的"搂膝拗步"式子，属于连续向前上步的拳势，在连续上步的过程中，脚掌外摆落地后，就不要再来回的蹬扣碾转，用放松脚踝和胯根调整身势的舒适度。

（3）脚掌内扣或外摆的角度，通常都是讲脚尖对准的方向。在练习时，一般以脚尖内侧在45°线上为宜。因为人的腿形有O型腿、X型腿，走路有外八字脚、内八字脚，所以外摆或内扣脚时，要根据个人的舒适情况而定。前辈教拳时，扣脚或摆脚没有度数之说，往往师父给摆在哪就是哪。本文只写出内扣或外摆的方向，初学时可根据个人的舒适度调节。

（4）杨式太极拳向前上步时，先敛臀坐在支撑腿上，另一腿膝关节上提，以大脚趾向前引领迈出，迈出的腿要完全放松，在尚未牵动重心时，将脚跟着地。此时，脚趾、脚踝、膝窝、胯根都在放松状态，随即放松身体、松腰胯，脚掌也会自然落平。重心向前移动先屈膝，膝上不要有压力，当感觉前脚掌与地面贴实，后腿的胯要渐渐由实变虚，腰也渐渐松开。此时，肩背上端着的劲随着腰胯的放松同时向前脚下松落，重心前移弓步到位，前腿胯渐渐由虚变实，下盘稳定了，上身也就很容易松开了，完成太极拳动态中的下实上虚。

（5）"搂膝拗步"上步的脚放平，重心向前移动的过程中出现的偏马步，崔毅士先生称其为"马步过渡"，是实现两腿重心虚实转换的调整过渡瞬间，也是准备发放前已经完成的蓄合状态。

（6）传统杨式太极拳的前进步要求以实腿碾转，身体不后坐。"搂膝拗步"左式换右式之间脚掌外摆的动作是碾步，也叫磨转步。重心微向后移，在腰的带动下，以脚跟为轴，脚掌轻贴地面碾转，就像碾子在磨盘上碾动。要避免腰不动而脚擅自动作，也不要做成脚尖高高翘着做内扣、外摆的动作。

在太极拳的动作中,所有脚的外摆、内扣等动作都离不开腰的带动,脚不可独自妄动。在碾转过程中,胯动、腰转,膝关节要保持正对脚尖方向节节贯穿的碾脚。腰动,脚动;腰停,脚停。

实腿碾转时,不可将身体重量压在实腿上。后虚腿的胯根要松沉,前实腿胯根微向上提,腰胯要松柔圆活。

(7)杨澄甫先师在《太极拳之练习谈》中说:"两腿宜分虚实,起落犹似猫行。"要做到这点,两腿分出虚实是关键,实腿渐实,虚腿渐虚,以实腿的向下松沉带动虚腿向上轻灵迈步。两腿之间建立关联,以实带虚,不可虚腿自顾自的向前迈步。

第3式　手挥琵琶

（1）重心前移到左腿，右脚提起稍向前跟进，脚不落地；同时，右手坐腕前引，左手下按；目视前方。（图44）

图44

图45

（2）右脚向后落回原地，脚掌着地，身势微向右转；同时，右手松腕，右臂内旋屈臂，左手边外旋边向前伸出，两手掌心都朝右，指尖向前，高与肩平，两手相距一前臂长；眼神关注左手动态方向。（图45）

动作提示：注意接手的动作，右脚脚掌落地，右腿和脚踝要完全放松。前腿膝盖要对着脚尖方向，不要内扣。上身正直，不要俯身和撅臀，肩背、肘腕都要注意放松。

（3）右脚跟内收落平，脚尖朝向东南方向，重心后移，身势微向右转，左脚掌渐渐向上翘起；同时，两臂屈收，右手引领左手向回捋带，右手至胸前，两掌相距大约一前臂长距离，掌心都朝右，指尖向前，高与肩平；眼睛照应一下两手屈臂后捋的动态。（图46）

图46

动作提示：后移重心前，右腿要完全放松，松胯根、松膝窝，捋带要靠重心后移、身势右转、屈臂带回，用身势带动两手节节贯穿地向后捋带回来，左手指尖始终不要偏离正东方向。重心后移带动左脚尖上翘，不可妄动；先移重心后转体，要先把重心向后催动起来，再向右转腰。身势右转时，右胯根要松开，右膝自然找脚尖方向，重心后移到位时，右膝要对好脚尖方向，不可内扣夹裆。

（4）重心全部移到右腿，左脚提起，随即调整下落，脚跟着地，脚尖上扬，左膝微屈上提，成左虚步；同时，右手外旋在体侧向下弧形裹合至右腹侧，掌心斜朝内；左手扣腕，指尖斜向前上方，两手间保持一前臂长距离不变，掌心斜相对；眼睛随视左手动态方向。（图47）

图47

动作提示：两手裹合，右手直接从胸前外旋下落到右腹，既不要将手向身体外侧绕大圈，也不要将肘向后拉到身体后面，右手裹合到手距右腹约一拳的距离，同时，左手完成扣腕动作，指尖朝着要去的方向，两手相距一前臂长。要注意两手裹合是一个合劲，重心稳定在右支撑腿上，左腿渐渐虚起。没有裹合好时，左脚不要离地做活步调整动作。要把左脚跟放在舒适的位置上，为下一动发放做准备。

（5）身势微向左转，坐实右腿，左脚跟钉住；同时，双手向前上方送出，左手食指高与眼平，掌心朝右，右手合于左肘里侧下方，掌心朝左；眼睛向前方远处看去。（图48）

图48

动作提示： 左腿膝关节上提，脚跟钉实地面，坐实在右支撑腿上，松腰落胯、松肩落背，周身合住劲，源源不断的将两手向前上方送出。左肘在左膝上方，左手要对正鼻中线，指尖高不过眉。两手前送时切忌重心前移、肩背起劲。

【手挥琵琶综述】

（1）"跟步"是传统杨式太极拳的基本步法之一。跟步有三种方法，第一种是向前跟进约三分之一步长，叫跟半步，这种方法比较常见；第二种是后脚向前跟进，脚不着地，复向后落回原地，叫跟撤步，这种方法比较容易放松后腿；第三种是将后脚直接跟进在前支撑腿内侧旁落，此种方法难度最大。本式中采用的是跟撤步，学练时可以先练跟半步的方法，熟练后采用跟撤步练"手挥琵琶"式。

（2）"手挥琵琶"，两手相抱，如抱琵琶状。杨班侯在《全体大用诀》中讲："手挥琵琶穿化精"，崔毅士先生是杨澄甫先师的早期弟子，在手挥琵琶这个拳势上打的是发劲。左手把对方的来手迎住，向右拨打对方肘部，右手带住对方的腕部裹合至右腹侧，自下向前上方穿出。

第4式　倒撵猴

倒撵猴分左式和右式，是连续退步的式子。套路中一共做4个，两个右倒撵猴，两个左倒撵猴。

1. 右倒撵猴

（1）重心全部移到右腿，左脚虚起；同时，右手自左肘内侧下方弧形下落至胯侧，掌心斜朝内；左手腕渐渐松开；目视前方。（图49）

动作提示：先将重心移动到后腿，稳定好支撑，再做下一动。

图49

（2）重心在右腿坐实，身势右转，左腿屈膝向上提起；同时，随转体右手外旋手臂向右斜后方（南偏西）划弧举至与肩同高，掌心朝前；左肩松开，左臂伸展，指尖朝向正东，两手拇指向上；眼睛余光照应一下右手方向。（图50）

图50

动作提示：注意先移重心后转体。先敛臀坐在支撑腿上，松开上身，再边转体边展臂，左腿同时屈膝向上提起。

左膝提起朝向正东方向，重心坐实在右腿时右膝要对脚尖方向。

两臂展开，右手的方向是南偏西，不要超过45°，眼睛余光要随右手的展开关注一下右手方向，但不要扭头盯着右手看。

（3）左脚向左后方（西北）撤步，脚掌先着地；同时，右手屈臂向上置于右耳旁，掌心斜朝前，指尖斜向上；左肩微向回收，左手掌心朝右，拇指向上；眼神关注左手动态。（图51）

图51

动作提示：向后撤步脚落地前不要转腰，左脚自然向斜后方（西北）撤步，脚掌先着地，自然放松，这样才能保证倒撵猴动作完成时，两脚不踩在一条线上。注意手脚的协调配合。眼神要随着右手屈臂的动作渐渐转向正东方向，但是不要盯着看右手屈臂的动作。

（4）身势左转，左脚跟内收落平；同时，左肩继续向内收合带动左臂屈收，掌心朝右；右手从耳侧移动到肩前，坐腕立掌，掌心斜朝前，指尖向上；目视前方。（图52）

图52

动作提示：脚跟内收的动作不是脚跟主动向里收的妄自动作，而是重心尽量保持在右腿，右胯、右膝都处在放松状态，右膝对正脚尖方向，腰向左转，右肩向回合，左胯松长，左脚自然完成内收的动作。左脚跟内收落平，使脚尖朝东北方向，松开脚踝，膝微屈，松腰松胯。

（5）重心后移成偏马步，调整身形；同时，左手收到胸前，掌心朝右；右手向前划弧至左手腕斜上方，右掌心与左手腕相呼应；眼神随视右手动态方向。（图53）

图53

动作提示：重心后移时，留腰，周身放松不用力。这是典型的马步过渡动作，马步过渡动作是传统杨式太极拳不可忽视的一个重要的转换点，初学时可忽略。

（6）重心后移至左腿，身势左转，右脚以脚跟为轴，脚掌内扣，脚尖渐渐转向正前方（东）落平，右膝微向上提成右虚步；同时，左手外旋弧形下落至左腹侧，掌心斜朝上；右手经左手腕斜上方向前推

出,坐腕立掌,掌心斜朝前,指尖斜向上,腕高与肩平;目视前方。(图54、图54附图)

图54

图54附图

动作提示:"倒撵猴"为"退",走的是撤步,要靠身势的后移和腰胯的扣转带动前脚内扣,腰停脚停。脚要平贴地面碾转,脚尖对正前方后要落平放松,前脚掌落平后,放松肩背,将劲力松落到支撑腿脚下。虚步到位时,两脚之间要有一个自然裆的距离,坐在左支撑腿上,左腿膝盖对正脚尖方向,要圆裆落胯。注意不要扣膝夹裆,不可突臀扭胯。

两手在胸前一收一推交错变化时,左手收回,右手要从左手腕的斜上方向前推出,反复练习将左右两手建立起关联来,不要散乱。向前推出的掌要在自己胸前防护,不可偏离。收回的掌落在腹侧约一拳的距离,不要紧贴,也不要太远。

倒撵猴动作到位,前脚掌落平沉身完成向前推掌动作,同时视线向前方远处看去,这是倒撵猴的定势。注意控制腰部的稳定,不要没有完成定势就转腰衔接下一式。

2. 左倒撵猴

（1）重心全部移到左腿，右脚尖上扬；同时，左手腕松开落至胯侧，掌心斜朝内；右手腕渐渐松开。（图55、图55附图）

图55　　　　　　　　　　图55附图

（2）重心在左腿坐实，身势左转，右腿屈膝向上提起；同时，随转体左手外旋手臂向左斜后方（北偏西）划弧举至与肩同高，掌心朝前；右肩松开，右臂伸展，指尖朝向正东，两手拇指向上；眼睛余光照应一下左手方向。（图56、图56附图）

（3）右脚向右后方（西南）撤步，脚掌着地；同时，左手屈臂向上置于左耳旁，掌心朝前，指尖斜向上；右肩微向回收，掌心朝左，拇指向上。（图57、图57附图）

图56　　　　　　　　图56附图

图57　　　　　　　　图57附图

（4）身势右转，右脚跟内收落平；同时，右肩继续向内收合带动右臂屈收，掌心朝左；左手从耳侧移动到肩前，坐腕立掌，掌心斜朝前，指尖向上。（图58、图58附图）

图58　　　　　　　　图58附图

（5）重心后移成偏马步，调整身形；同时，右手收到胸前，掌心朝左；左手向前划弧至右手腕斜上方，左掌心与右手腕遥相呼应；眼神随视左手动态方向。（图59）

（6）重心后移至右腿，身势右转，左脚以脚跟为轴，脚掌内扣，脚尖渐渐转向正前方（东）落平，左膝微向上提成左虚步；同时，右手外旋弧形下落至右腹侧，掌心斜朝上；左手经右手腕斜上方向前推出，坐腕立掌，掌心斜朝前，指尖斜向上，腕高与肩平；目视前方。（图60）

图59

图60

3. 右倒撵猴

右倒撵猴和左倒撵猴动作相同，唯左右相反。（图61～图66）

图61

图62

第二章　传统杨式太极拳简易13式

图63

图64

图65

图66

4. 左倒撵猴

左倒撵猴和前述左倒撵猴动作完全相同。（图67~图72）

图67　　　　　　　　图68

图69　　　　　　　　图70

图71

图72

【倒撵猴综述】

（1）"倒撵猴"是后撤的步法，是传统杨式太极拳基本步法之一。向后撤步，寻隙反击。四个连续的"倒撵猴"式子，属于连续后撤步。

（2）"倒撵猴"分左式和右式，左虚步定势是左倒撵猴，右虚步定势是右倒撵猴。

（3）"倒撵猴"动作为解脱手，要靠向后撤步沉身的身势将前手收回。收回时，边外旋边收落在腹侧胯根处。前推掌为按出的手法，是由收回的手通过腰与背脊的联动将力传导至向前推出的手。再次强调，要沉身、松肩，意在收回的掌上，以收带出。眼要向前掌远处看出去。

第5式　野马分鬃

野马分鬃分左式和右式，同样是连续上步的式子。套路中一共做3个，两个左野马分鬃，一个右野马分鬃。

1. 左野马分鬃

（1）重心后移到右腿，左脚尖上扬；同时，右手腕松开落至胯侧，掌心斜朝内；左手腕渐渐松开；目视左手方向。（图73）

图73

（2）右腿坐实，身势右转，左腿屈膝向上提起；同时，两臂松展，左手向前划弧至胸高，掌心斜朝下；右手向右后方（南偏西）划弧，掌心向右；眼睛余光照应一下右手方向。（图74）

（3）左脚向左前方（东偏北）上步，脚跟着地；同时，左手外旋向下向右划弧抄抱至腹前，掌心斜朝内；右臂内旋，右手向上向左划弧至胸前，掌心翻转朝下，两手呈合抱状，两手腕部上下呼应；目视右手方向。（图75）

图74　　　　　　　　　　图75

动作提示：左脚上步时，脚跟先着地，注意右胯根松开，右膝对正脚尖方向，不要内扣。

两手上下交叉合抱在身前时，两手腕部上下斜相对应，不要用两臂去交叉合抱。

（4）左脚落平，脚尖朝向东偏北方向，重心微向前移成偏马步；同时，左手向上掤至胸高，掌心朝内；右手经左手腕上方向下落至胸前，掌心向下；随视左手动态。（图76）

图76

动作提示：左脚落平的同时，腰胯都要松开，左腿处在完全放松状态。右脚踩地先将重心向前催动起来呈马步过渡状态，左手掤，右手按，同时将骨架调整稳定。腰胯将上下肢连接到位。

（5）上动不停，重心继续前移，身势左转，坐实左腿成左弓步；同时，左臂渐渐伸展，左手随转体向左前上方弧形挒出，掌心斜朝上，腕高与肩齐；右手向下採按于身体右侧，掌心朝下，虎口朝前，与胯同高；眼神随视左手动态，向前方远处看去。（图77）

图77

动作提示：边转体边向前移动重心，同时拧身旋臂做向前捌掌和向下採按掌的动作，由脚而腿而腰，从脊背通达两臂，分展出去。弓步到位时，捌掌和採按掌要同时到位。注意松肩垂肘，保持重心的稳定。眼神要随视左手前捌。

虽是左手前捌，但随着左腿渐渐向前弓步到位，左手渐虚，右手採按掌渐实，右手与左腿劲力相合，重心松落在前脚下，后腿松开，稳定好重心，弓步小腿垂直地面，无过不及。

2. 右野马分鬃

（1）身势左转，左脚掌外摆至东北方向落平，重心前移，右脚脚跟向上提起；同时，两臂松开，左肩渐向回收，左手掌心朝右；右肩向前合，右手向前划弧，掌心向下；目视左手方向。（图78）

图78

动作提示：左转摆脚后，重心前移的动作要注意，左膝向前弓，尾骨前敛，右脚脚跟自然向上提起，此时不要转腰，直接向左脚脚尖方向进身，将骨架调正。

图79

（2）重心全部移至左腿坐实，身势左转，右腿屈膝向上提起，右脚收到左腿内侧；同时，左臂内旋，屈臂掌心翻转朝下；右臂外旋，向左划弧，掌心翻转朝内。（图79）

动作提示：重心前移，左转腰时，注意尾骨要向前跟，右胯要向前合。

（3）右脚向右前方（东偏南）上步，脚跟着地；同时，右手向左划弧抄抱至腹前，掌心斜朝内；左手向右划弧至胸前，掌心朝下，两手呈合抱状，两手腕部上下呼应；目视左手方向。（图80）

图80

图81

（4）右脚掌落平，脚尖朝向东偏南方向，重心微向前移，成偏马步；同时，右手向上掤至胸高，掌心朝内；左手经右手腕上方向下落至胸前，掌心向下；随视右手动态方向。（图81）

（5）上动不停，身势右转，重心继续前移，坐实右腿成右弓步；同时，右臂渐渐伸展，右手随转体向右前上方弧形挒出，掌心斜朝上，腕高与肩齐；左手向下採按于身体左侧，掌心朝下，虎口朝前，与胯同高；眼神随视右手动态，向前方远处看去。（图82、图82附图）

图82

图82附图

3. 左野马分鬃

左野马分鬃与右野马分鬃动作相同，唯左右相反。（图83~图87）

图83

第二章　传统杨式太极拳简易13式

图84

图85

图86

图87

【野马分鬃综述】

（1）三个连续的"野马分鬃"属连续上步的拳势，左右式之间的转换要做到相连不断。出脚上步，脚尖略向外偏，然后再落平脚掌向前弓步。弓步到位，重心要稳定在前支撑腿上，沉身落胯，松开后腿，松肩展臂，前肘在前膝外侧并向内掩合，手在膝的前上方。后手採按掌为实，与前弓腿相合。身势稍一松沉，似停非停，随即调整腰胯，前脚掌松开，在腰的催动下以脚跟为轴碾转摆脚，连接下一个"野马分鬃"式。

（2）左脚或右脚向前上步，不可牵带身体重心，先以脚跟着地，待前脚掌落平后，松开脚踝，再屈膝向前移动重心。向前弓步时不要将身体重量压在膝关节上。初学者练习时，在脚跟落地后，要给放平脚掌一点时间，只有脚踏实地了，才能松开周身，顺畅完成动作。

（3）"野马分鬃"式的用法，前臂伸展，前手在对方腋下，拳式中前手的高度在肩，后手下採位置在胯前外侧，虎口朝前，与前手腕相呼应。

（4）"野马分鬃"，两臂分展，比喻野马在奔驰中，马脊背上的鬃毛左右分披。上步出脚时上身合劲蓄住，脚落平进身时，腰为主宰，胯将下肢劲力通过腰脊贯通到上肢，肩胯相合，重心移动到前腿时，尤其要注意下手的按掌与前实腿相合。

第6式 云手

云手是连续侧向平行移动的式子，套路中一共做3个。

云手1

（1）重心保持在左腿，右脚掌外摆至正南方向落平；同时，左臂渐渐内旋，坐腕立掌，掌心斜朝前，腕高与肩平；右手向左划弧至左肘内侧下方，掌心朝内；眼睛余光照应一下左手动态方向。（图88）

图88

动作提示：右脚外摆时，不要向右移动重心，要把腰胯松开。

（2）重心微向右移，身势右转；同时，右手向上掤起至左肩前方，掌心朝内，指尖向左；左手松腕下落至体侧，掌心向下，与胸同高。（图89）

动作提示：右手上掤，左手下落，两手进行虚实转换，以右手上掤为主，左手松落要随。左手松腕的动作要随着左手松落渐渐完成，不可突然变化。

图89

图90

（3）重心继续右移，身势继续右转，左脚掌内扣，胸向正南；同时，右手继续上掤至面前，掌心朝内，指尖斜向上；左臂外旋，左手松腕垂指，向下划弧至左腹前，掌心朝内，指尖斜向下；眼随视右手动态方向。（图90）

动作提示：这是过渡动作状态，不要停留。

（4）重心完全移到右腿，身势继续右转，左脚提起向前收至右脚内侧，脚掌着地，脚跟轻提，脚尖朝南，两脚外侧与肩同宽；同时，右臂内旋向右划弧至身体右侧前方，翻转掌心朝外，坐腕立掌，腕高与肩平；左臂外旋，左手经腹前向右弧形抄抱至右肘内侧下方，掌心斜朝上，指尖向右；眼随视右手动态方向。（图91）

动作提示：左脚向前收回的瞬间，右手掌同时要旋臂坐腕，掌根向下松沉，此处含有採意，但不可用劲。

图91

云手2

（1）左脚落平；同时，左手自身体右侧向上掤起至右肩前，掌心朝内，指尖向右；右手松腕下落至体侧，掌心向下，同胸高。（图92）

动作提示：此动作我们称之为"交接班"，落平脚跟时，不移重心，不转腰，左手向上掤起，右手腕松开下落。

图92

图93

（2）身势左转，重心左移，胸向正南；同时左手继续上掤至面前，掌心朝内，指尖斜向上；右臂外旋，右手松腕垂指，向下划弧至右腹前，掌心朝内，指尖斜向下。（图93）

（3）重心移到左腿，身势继续左转，右脚脚跟渐渐向上提起；同时，左臂内旋，左手向左划弧，渐渐转指尖向上，掌心朝右，腕高于肩；右臂外旋，右手继续向右划弧至腹前，掌心朝内，指尖斜向下。（图94）

图94

动作提示：重心移到左腿，左腿要松沉稳定，右腿松开。右手旋臂抄抱的动作，以右肩和左胯相合，肩不要抬，肘尖不要上翘。

图95

（4）重心全部移到左腿，身势继续左转，右脚向右横跨一步，脚掌着地，脚跟轻提，脚尖朝南；同时，左臂继续内旋，向左划弧至身体左侧，坐腕立掌，翻转掌心朝外，腕高与肩平；右臂外旋向左向上弧形抄抱至左肘里侧下方，掌心斜朝上，指尖向左；眼神随视左手动态方向。（图95）

动作提示：右脚向右横跨出步，脚掌着地后，左手要坐腕，掌根向下松沉，此处含有採意，但不可用劲。坐腕的同时要松开肩背。

（5）右脚落平；同时，右手自身体左侧向上掤起至左肩前，掌心朝内，指尖向左；左手松腕下落至体侧，掌心向下，同胸高。（图96）

动作提示：右脚落平的同时，右手向上掤起，左手松腕下落。此时，右腿的胯根要松开，以保持重心平稳。

做这个动作，不移重心，不转腰。要等右手向上掤起来之后，再做下面的转腰和移重心的动作。如果向上运行的手还没有掤起就转腰，必然会出现夹腋和靠身的错误动作。

图96

图97

（6）身势右转，重心右移，胸向正南；同时，右手继续上掤至面前，掌心朝内，指尖斜向上；左臂外旋，左手松腕垂指，向下划弧至左腹前，掌心朝内，指尖斜向下。（图97）

（7）重心移到右腿，身势继续右转，左脚脚跟渐渐向上提起；同时，右臂内旋，右手向右划弧，渐渐转指尖向上，掌心朝左，腕高于肩；左臂外旋，左手继续向右划弧至腹前，掌心朝内，指尖斜向下。（图98）

动作提示：重心移到右腿，右腿要松沉稳定，左腿松开。左手旋臂抄抱的动作，以左肩和右胯相合，肩不要抬，肘尖不要上翘。

图98

图99

（8）重心全部移到右腿，身势继续右转，左脚提起收至右脚内侧，脚掌着地，脚尖朝南，脚跟轻提；同时，右臂继续内旋，向右划弧至身体右侧，坐腕立掌，翻转掌心朝外，腕高与肩平；左臂外旋，左手向右、向上弧形抄抱至右肘里侧下方，掌心斜朝上。（图99）

动作提示：随着重心移到右腿，左肩渐渐与右胯相合，重心稳定，下盘稳实。

云手3

云手3与云手2动作相同，唯有图107左脚收回时脚跟先着地。（图100~图107）

图100

图101

图102

图103

图104

图105

图106

图107

【云手综述】

（1）三个"云手"连续向右侧平行移动，重心移动要平稳，速度要均匀。迈出的脚落地时要先以大脚趾着地，随即其余四趾顺序着地，落平脚掌、脚跟，至全脚平贴地面。两脚平行，脚尖向前。重心移动，一脚向下落平，另一脚向上提起，脚跟先离地，随即前脚掌逐渐离地，大脚趾最后离开地面。两脚如同踩跷跷板一样，一落一起，起落相互关联，不可妄动。抬脚和落脚要松柔缓慢，不要牵扯重心突然加速。

（2）"云手"是以两手的运行如同云在空中回旋盘绕而得名。杨班侯在《全体大用诀》中有一句"云手三进臂上攻"，由此可见，"云手"不是用手去云，而是两臂弧形旋绕，护住身前，攻防兼备。

（3）"云手"要饱满。掤手要掤圆，不要瘪，向下运行抄抱的手臂肘部要圆，臂不要挺直，肘不要出尖。上手向外旋臂捌出时，肩要逐渐打开，不要夹腋，肘尖不要上翘。腰腿和背脊都要参与两手云转的动作。

（4）两臂云转要圆活自然，两手不可同时用力，随重心移动，左右虚实变化，有实有虚协调配合。"云手"要求上手高不过眉，下手低不过裆。两手掤起向左、右云转到斜角上即可，不要云到体侧正方向上。

（5）眼神要通过上手向远处望出去，没有焦点。不可直盯着手看，如果一边转腰一边盯着手看，远处背景相对移动的速度快，会造成眩晕。

（6）云手2里的图93和图97分别是马步过渡状态，是重心位置、两手虚实变化的检查点，也是两胯变换虚实的点，这个点上要确保身型骨架的周正。同时检查上手在前面、下手在同侧腹前的位置是否准确。

（7）杨澄甫先师指出："此式之妙用，全在转腰胯，然后可以牵动敌之根力，应手翻出。学者其细悟之。"

第7式 揽雀尾

1. 掤式

（1）身势右转，左脚以脚跟为轴，脚掌内扣至西南方向落平；同时，随身体右转，右手向右划上弧展开，腕低于肩，掌心斜向下；左手向下经腹前往左划下弧至身体左侧，掌心向内；眼平视右手前方。（图108）

图108

（2）重心全部移到左腿；右脚屈膝提起，左手向上向右划弧至胸前，掌心斜朝内；右臂外旋向下向左划弧至右腿内侧，掌心朝内，指尖斜朝下；眼神随视左手动态方向。（图109）

图109

图110

（3）右脚向右前方（西）上步，脚跟着地；同时，两臂继续合抱，左臂内旋，掌心向下，腕低于肩；右臂外旋抄抱，掌心向内，两手腕部相互呼应；眼神随视左手动态方向。（图110）

动作提示：右脚上步不要提前向右转腰，要留腰。注意上步落脚要有一个自然裆的横向距离。"揽雀尾"掤、捋、挤、按动作，不断的前弓后坐，两脚之间的距离不宜过宽。

（4）右脚落平，脚尖朝向正西，重心前移，身势右转成右弓步；同时，右前臂向右前（西）掤起，掌心朝内，高与肩平；左手渐渐坐腕，随弓步向前助右臂掤出，置于右手腕内侧下方，掌心斜朝前，指尖斜向上；眼向前方平视。（图111）

图111

动作提示： 右前臂前掤时两肩要平正，腕不要高于肩，肘要松垂，要低于腕。右手前掤，左手助掤，两手互相呼应。

掤手重心前移时，上体须保持正直，腰、肩、胯须协调一致，身体不可前俯后仰；弓步到位时要敛臀、松身，右腿小腿与地面垂直，膝关节不要超过脚掌。

【揽雀尾掤式要点】

（1）"掤在两臂"，掤不要将力掤到对方身上。掤不要用硬力和对方顶劲，掤劲要饱满，既不能瘪，又不可僵硬。

掤劲如同充气的气球，气不足叫瘪，气太足就爆了。气球充气后，产生向四面八方膨胀出去的力，用手指按压，接触点就会凹进，外侧则包裹过来。也就是说，当遇到外力时，自身产生的含胸拔背的反应，外力越足，蓄劲越大，外力撤掉后又恢复原样。掤就是这样的沾粘劲、松弹劲。

（2）杨澄甫先师对掤法的释义："必曰掤者。黏也非抗也。手向外掤。意欲黏回。又不使己之掤手与胸部贴近。得化劲全赖转腰。一转腰则我之掤势已成矣。"

2. 捋式

（1）重心保持在前，左腿松展；同时，右臂边内旋边向右前方伸展，掌心斜朝前，腕高与肩平；左臂外旋掌心翻转斜向上，置于右肘内侧下方；眼神随视右手动态方向。（图112）

图112

动作提示：由掤手变接手，右手微向上掤，左手同时开始外旋动作，右肩松开，右臂内旋，右手向前伸展，左手向回收到右肘内侧下方，两手相距一前臂长，掌心斜相对。

右手向前伸展的位置基本在右腿外侧上方；左手向回收到右肘内侧下方，不要向前追右手。松开左腿胯根即可，腰不要向右转。

（2）重心后移，身势左转；左腿屈膝坐实，右腿自然屈弓，成后坐步；同时，两臂松沉，两掌随转体向左捋带，左手至左腹前，掌心斜朝上；右手跟随左手捋至胸前，两手保持一前臂长距离不变，右手微微坐腕，掌心斜朝左；眼神关注捋势。（图113）

图113

动作提示：左捋时身体须保持正直，左臂外旋，此动意在左手带住对方的腕关节，右手心向左附在对方的肘关节上，随着重心后移，松肩垂肘向左转腰捋带。左捋时两臂不可贴肋，左手领着往腹侧运行，右手随着身势左转向左横推，臂微外旋坐腕，两手始终保持一前臂长距离。

由前弓步变为后坐步，在重心移动前，先要将左腿放松，胯根松开，左膝弯曲，然后再向后移动重心。坐步完成时，坐在左腿上，左腿要保持弹性，左膝要对着左脚尖方向；右腿松开，膝关节不要挺直，膝盖向上提住，不要内扣。松开腰胯，胯根要掖住，裆要圆。

向左捋带时，一边捋一边要松肩、撤左肘、沉右腕，不要将两只胳膊长死在肩上。捋时手要轻，劲要短。

【揽雀尾捋式要点】

（1）"捋在掌中"，捋不要捋到自己身上。捋既不是两手向左下方拉拽，也不是向左外侧横扯。传统杨式拳讲的横捋，左手外旋往左腹侧收，右手随身势左转向左边捋边沉肩垂肘坐腕，微有推按之意。先将重心推动起来，边转腰边后坐。左右手相连，两手协调配合，此谓横捋。

（2）杨澄甫先师对捋法的释义："捋者。连着彼之肘与腕。不抗不採。因彼伸臂袭我。我顺其势而取之。是收回意谓之捋。"全身重心置于左腿，左脚实，右脚虚。捋敌方左拳的进攻至我胸的左侧，则对方的根力被拔掉，其身体跟着倾斜下来。

3. 挤式

（1）身势右转，朝向正西；同时，左臂松落内旋经下向左向上划弧，右手屈臂外旋，向内向上提挂，掤于胸前；左手合于右手内侧，两手心相对，掌根相搭，高与胸平。（图114）

动作提示：捋式动作到位，先松肩松腕、松开两臂，然后再做转正搭手的动作。

身势随腰向右转正，坐在后腿，松开腰胯，两手合于胸前，掌根部似贴非贴。臂要松圆，即不撑，也不瘪。

图114

图115

（2）重心前移成右弓步；同时，两臂合住向前挤，与胸同高。（图115）

动作提示：挤时肘不要向上翻翘，两膀不可起劲。

从后坐步变为前弓步，前腿膝关节先松开弯曲，然后再向前移动重心。身体要保持正直，不可前俯；肩部要保持平正；腰、肩、胯须同时向前移动。

【揽雀尾挤式要点】

（1）"挤在手背"，用手背贴住对方，感知对方的劲力大小、方向，"敌退我追"。挤，如同汽车在斜坡上为防止下滑，在车轮下面塞上石块一样，俗称给汽车"打眼"，这样才能真正挤住。所以挤不要将力放在上面用两个胳膊去挤，而是在向前移动重心时将劲力松沉到脚下，底盘的沉稳才是最重要的。挤式弓步到位，以小腿垂直于地面为好。

（2）杨澄甫先师对挤法的释义："我之挒势失效。则不可不反退为进。用前手侧採其肘。提起后手。加在前手臂内便乘势挤出。则彼仓猝变化之中。未有不失其机势。而被我挤出矣。"

4. 按式

（1）重心保持在右腿，左腿松开；同时，右臂内旋，掌心翻转朝下；左手掌心朝下经右手背，两手左右分开，两臂自然伸展；两掌外侧相距同肩宽；掌心朝下指尖向前。（图116）

动作提示：腰胯要合住劲，由腰催动两臂，两肩松开，两手向两侧平行分开。

图116

图117

（2）左腿微屈，调整身形；同时，两臂外旋，两手掌心相对微向上提，肘微屈，肩有收合之意。（图117）

动作提示：调整身形，左腿屈膝松开，做好向后移动重心的准备。两手微向上提，把肩收合回来。

（3）重心后移，后腿屈膝成后坐步；同时，两臂屈肘，两手上挑至面前，掌心相对，与脸同宽。（图118）

动作提示： 后坐步，身体不要后仰，不要凸臀，要保持重心的稳定。

图118

图119

（4）重心坐实在左腿，右腿松开，膝自然上提；同时，松肩垂肘，两肘外开，两臂内旋屈收，带动两手按在胸前，掌心向下，虎口相对，相距一拳距离；随即，两手微向外开，有坐腕之意，掌心斜向前下方。（图119）

动作提示： 随重心后移，两手渐渐向胸前收回，肩肘须向下松垂，劲力通过腰脊，敛臀坐胯松到脚下，此为按化，引进落空。有下才有上，劲力松落下去，下实上虚，顶劲自然向上虚灵。注意两手按在胸前，与胸要有一定距离，不可太近。

动作不停，两手微向外开，化开对方来力，做好向前推掌的准备。

（5）重心前移成右弓步；同时，两掌渐渐坐腕由胸前向前按出，随重心前移，掌心转向前，指尖斜向上，腕不可高于肩，两掌外侧不要宽于肩，肘尖下垂。（图120）

图120

动作提示：两掌随重心前移向前按出时，要协调一致。弓步到位与按的动作要同时完成。两臂不要过于伸直，上身不可前俯，做到肩平、顶正。

【揽雀尾按式要点】

（1）"按在腰攻"，按要用周身的整劲，不可仅用两个胳膊向前推。应将尾骨与脚跟劲力相连通，腰胯把从脚下返上来的力通过脊背连接到两手掌根，劲力从后脚向前脚下松落，松肩、肘下垂。按要在对方出现破绽时，随势而进。

（2）杨澄甫先师对按法的释义："敌人乘势挤来时，我用两臂提劲使其挤力落空，然后迅速用两掌心按其手肘和手腕，向前逼按去，如此则对方后仰跌倒于地。"

【揽雀尾综述】

（1）太极十三势为：掤、捋、挤、按、採、挒、肘、靠、前进、后退、左顾、右盼、中定。里面蕴含着四正、四隅、八卦、五行。"揽雀尾"是杨式太极拳的重要核心拳式，涵盖掤、捋、挤、按四正手，掤、捋、挤、按相生相克，生生不息，往复不离不断。

（2）"揽雀尾"的喻意，以对手之臂为雀尾，两手分别执雀之头尾，随其旋转上下。杨澄甫先师明确释义："掤、捋、挤、按四式，即黏、连、贴、随"。意既：掤就是黏，捋就是连，挤就是贴，按就是随。掤、捋、挤、按与黏、连、贴、随是一一对应的关系，其用法也非常清晰明了。

（3）"揽雀尾"式子里反复出现了向前弓步和向后坐步，重心在前要后腿松开再移动重心，重心在后要前腿松开再移动重心。这样才能在移动重心时，保证膝窝和胯根是完全松开的。重心往复移动，才能节节贯穿的将劲力松沉到支撑腿脚下。所以太极拳的向前和向后，不是在一个水平面上的前后移动，而是向前要将劲力落在前脚下，向后将劲力落在后脚下。劲力落下去，上肢要松开，边落边将手上的劲力放空，守住自己的中，以达到"无过不及"。

（4）右脚上步做掤、捋、挤、按动作时，出现了前弓步和后坐步重心来回的移动变化。传统杨式太极拳讲究脚要落地生根，这时要求脚要平松落地，左脚不要随着重心的移动来回蹬扣碾转。坐在前腿上要稳定前腿、松开后腿，坐在后腿上要稳定后腿、松开前腿，胯根也要同时松开，腰胯要松活。

（5）练习杨式太极拳时要注意做到周身放松、自然舒展、中正协调。移动重心时要保持平稳，不前俯后仰，不凸臀扭胯。举手投足做到步型标准，步距适中。松肩垂肘保持始终，手的位置不可偏离要求。头部不可左右突然转动或无意识地低头看地。眼随拳势运转，颈部要随着眼去的方向转动,避免颈部僵硬。脸的朝向与腰的位置密切相关,手的运行、眼神所关注的方向都与腰相关。练拳时要做到心无旁骛,神宜内敛,眼睛随势而动(但不要有焦点),关注身前手的动态,关注主动手的动态,做到拳在心里,人在拳里。每一式都按这些要点去做。

(6) "揽雀尾"右掤手与"右野马分鬃"右分手的不同:"揽雀尾"弓步右掤手时,两手都在前面,要求肩胯平正,右手向内圈回,如抱球状;"右野马分鬃"弓步到位时是顺弓步,右脚在前,右手在前,右臂要分展,手腕要平正,腕高不过肩,胸向稍斜。

第8式 单鞭

（1）重心微向后移，左腿松开，右腿胯根上提，右脚掌变虚；松肩，调整身形，双手保持按掌状态。（图121）

（2）身势左转，右脚掌内扣至正南方向落平；同时，屈臂沉掌根，保持坐腕立掌，随转体以左手引领右手从正西向左经面前弧形抹转至东南方向，腕高与肩平，掌心朝外，指尖向上，两手外侧与肩同宽。（图122）

图121

图122

动作提示：以"腰为主宰"做抹转动作，实腿碾转，重心不要往左移动过多。以腰带动，扣右胯，连同膝、脚一起内扣，边扣脚转体边松右胯，同时重心移到两腿之间。上肢动作是左手领带，右手跟随。

（3）左脚以脚掌为轴，将重心向右推动起来，边向右移动重心边将左脚跟碾转内收，调正骨架，坐在右腿上，左腿变虚；同时，松肩，臂微屈，将双手带至身体左侧，掌心斜朝外。（图123）

图123

动作提示：右移重心时，两肩松开，劲力向右支撑腿下落，两臂继续向左划弧时，腰尽量不要转动。

（4）身势右转，重心全部移到右腿坐实，左腿屈膝上提，小腿自然下垂，收回到右支撑腿内侧；同时，松开右腕，肘尖下垂，右臂外旋，渐渐屈腕，五指松垂，从左肩前向内向右收到下颌前，掌心朝内；左手随转体向下向右划弧抄抱至左腿内侧，掌心朝内。（图124）

图124

动作提示：右手从左侧屈腕、五指蜷曲松垂呈刁手状，置于下颌前。这个动作俗称"捋胡髭"，右手此时尚未抓勾，右臂外旋裹合，松肩垂肘，右肘尖不要上翘。左手松开向下向右划弧抄抱，左右两手各走各的路线，注意在腰的催动下，两手圆活地屈伸运转，完成动作。

上一动作连接此动作要"先移重心后转体"。重心要完全移到右腿坐实，当向右转体将完成之时，再提收左腿。在支撑轴上做转体动作，这种运动方式很重要，如果此时边转体边向右移动重心，或者向右转体和提收左腿同时进行，支撑腿受到扭转力，不能得到彻底放松，会影响下面的出脚上步的动作，日久还会伤膝。

（5）左脚向左前方（东）上步，脚跟着地；同时，左手继续向右划弧抄抱至腹前，掌心斜朝上，与右刁手相抱。（图125）

图125

动作提示：左脚向左前方上步。右腿支撑，膝关节对正脚尖方向，不可内扣，臀部不要撅出。左脚上步时，左胯根要松开。脚跟着地后即刻松开上身。

（6）左脚掌落平，身势左转，重心微向前移成偏马步；同时，右手屈腕上提，引领右臂向西南方渐渐伸展，指尖渐渐下垂，腕不高于肩；左手向胸前掤起，手臂内旋，经面前至左肩前，坐腕立掌，掌心斜朝前，指尖向上。（图126）

（7）重心前移成左弓步，坐实在左腿；松开右腿，右脚以脚跟为轴，脚尖内扣到东南方向上；同时，右手屈腕继续向右后方伸展，指尖下垂，五指轻轻贴合捏拢成勾，勾尖向下，手腕提住，高与肩平；左手坐腕立掌随重心前移由左肩前向前方（东）按出，掌心斜朝前，腕部不高于肩。（图127）

图126

图127

动作提示：传统杨式太极拳讲究"屈中求直"，右勾手向右后方伸展，要舒松自然，肘部不要翻起，臂不可挺直或过于弯曲。

单鞭动作完成时，松开右腿，右脚扣转到自己舒适的位置。这是传统的练法，不可以向后蹬右脚跟，蹬脚跟是卸力，不能将劲力完全运行到左掌根上。

勾手的正确做法是当右手经下颌时，五指蜷曲为刁手，此时不要抓勾，当右手向右后方屈腕伸展时，腕部上提，指尖在自然下垂的状态下，五指轻轻贴拢，手心要松活。右手勾自然握顺，同时不影响肩、肘、腕的松活。

【单鞭综述】

（1）从"揽雀尾"的按式到完成"单鞭"动作，从右弓步到左弓步，方向转了180°，单鞭是转换动作方向的重要拳式之一。

（2）"单鞭"劲力的传导，由右手撮勾提腕起，经右肩、脊背、左肩而达于左手掌根，同时与扣转右脚上来的劲力合在一起。两臂伸展，如同挑担。伸展不是挺直，杨式太极拳强调的是屈中求直。

（3）"单鞭"式意为单手鞭击。崔毅士先生一直保持着杨澄甫先师早期的练法。从用法上讲，右刁手向回搂带对方手臂，搂带不成则反腕击打对方下颌，左手按掌随弓步进逼左侧敌之胸部。我的师父曹彦章先生名其为"勾打掌打，勾先掌后"。

第9式　高探马

（1）重心前移，右脚向前跟进半步，脚掌着地；同时，左掌继续坐腕前推，右勾手提住。（图128）

动作提示：跟步重心向前移动，左手向前引进，尾骨找左脚跟，劲力沉稳在前脚下，右胯提起向前跟步，劲力相连不断。

图128

图129

（2）右脚落平，重心后移，身势右转，左脚跟向上提起；同时，左手松腕，右勾手松开，两臂外旋展开，掌心斜相对，拇指向上；眼神关注右手的松展。（图129）

动作提示：重心后移时，右胯根要打开，不要夹裆。

(3)重心完全移到右腿,左腿虚虚提起;同时,左臂松开;右手屈收至耳侧,掌心斜朝前。(图130)

(4)左脚掌着地,脚跟虚提,身势左转;同时,左肩微向内收,左手与胸同高,掌心向内;右手由耳侧运行到右肩前,掌微扣,掌心斜朝前,指尖朝左前上方。(图131)

图130　　　　　　　　图131

(5)身势继续左转,支撑腿渐渐撑起,身势缓缓向上成高虚步;同时,左臂外旋向内採回至腹前,掌心斜朝上,掌与腹相距约一拳距离;右手由右肩前经左手上方向前弧形探出,腕微扣,掌心斜朝前下方,指尖斜向左前方,高与肩齐。(图132)

图132

动作提示：高探马是高虚步步型，完成高探马的动作，要由脚下顺势拔背而起，腿劲支撑，顶劲上领，腰不要断开。

左手採回与右手向前探掌，由含胸而拔背，运腰脊之力，由收左手採回的劲力传导到向前探出的右掌上，即先收左手，由左肩背至右肩背，通达于右探掌上，左右贯通一气，相互协调。

【高探马综述】

（1）杨澄甫先师云："左手腕略松劲，手心朝上，将敌腕叠住，往怀内採回，左脚同时提回，脚尖著地，松腰含胸，右膝稍屈坐实，同时急将右手由后而上圆转向前，往敌人面部，用掌採去。"

（2）注意在动作完成时，"高探马"与右"倒攆猴"的不同之处。高探马是拗步，动作完成后，肩要平正，左手的位置是在腹前，右手是俯掌扣腕；右"倒攆猴"是顺步，动作完成后，上身略有侧身，左手在腹侧，右手是侧立掌。

第10式 拦掌进捶

（1）身势微右转，右腿渐渐向下屈蹲，重心移向右腿，左脚跟上提；同时，右手向右向下弧形抹转，掌心朝下，高与胸平，左手向左划弧，置于左膝上方，掌心朝右，与腹同高。（图133）

（2）重心全部移到右腿，身势继续右转，左脚向前（东）上步，脚跟着地；同时，左手坐腕立掌向右向前上方划弧拦掌，腕同胸高，成侧立掌；右臂外旋，右手渐渐握拳收至右胯侧，拳心向上。（图134）

图133

图134

动作提示：左脚活步向前上步，落脚跟、松腰胯、沉身同时完成左手拦掌动作，动作要随腰而动，一气呵成。

左手向右向前拦掌时，右手渐渐握拳屈肘向后，拳不贴身、不离身，右肘不要向后凸出太多以致造成散乱。

（3）左脚落平，重心前移成左弓步；同时，右臂内旋向前打拳，拳眼渐渐转向上，拳面斜朝前，高与肩平；左手顺势屈收，掌指附于右前臂内侧，掌心朝外。（图135、图135附图）

图135　　　　　　　　　　图135附图

动作提示：上步的脚落平时，右拳要渐渐上提，随重心前移向前弓步击打对方胸部，身形保持周正。

【拦掌进捶综述】

搬拦捶是太极五捶之一，列五捶之首。杨澄甫先师说："此拳之妙用，所以全在搬拦之合法也。"左手搬开对方之手并拦阻，另一手以拳迎击。主要是应对对方右拳的攻击。

第11式 如封似闭

（1）松开周身，重心稳定在左腿；同时，右肩松开，右臂伸展；左手下落，左臂外旋，掌心翻转朝内，置于右肘下方。（图136）

动作提示：拦掌进捶完成后，假设右拳被对方用左手握住，此时不要急于向后抽拳。松开右肩、伸展右臂，左手顺势下落在右肘下方，同时，后腿松开，膝关节要屈曲，做好向后移动重心的准备。

图136

（2）右腿渐渐屈膝，身势微向右转，重心后移到右腿；同时，右拳渐渐松开变掌，随重心后移沉肩屈肘向里抽带，左手经右肘下沿右前臂向前掤出，两手掌心朝内，腕部相搭，似贴非贴，右手在里，左手在外，高与肩平，指尖斜向上。（图137）

动作提示： 用向后移动的身势，收肩、屈肘将右臂抽回；同时，左手沿右前臂下向前掤出，两手腕在胸前交叉形成十字手，如同在身前打封条。

图137

（3）身势微向左转，坐实右腿成后坐步；同时，两臂屈肘内旋，两掌向左右分开，收按在胸前；随即，两手微内旋有坐腕之意，掌心斜朝前，指尖斜向前上方。（图138）

动作提示： 身势微向左转的动作是两胯根打开，调整上身的朝向，上身正了即可，腰不要向左转的过多。

两掌向左右分开，收于胸前，如同关闭门户，护住自己的身前部位，同时也是蓄合状态，劲由脚下起，顺脊而上，敛臀，周身合住劲。两手微内旋，有坐腕之意，做好向前推出的准备。

图138

（4）重心前移成左弓步；同时，随重心前移两掌向前按出，掌心斜朝前，指尖向上，腕高与肩平。（图139）

图139

动作提示：随弓步向前按掌，做到上下相随、立身中正。

【如封似闭综述】

（1）杨澄甫先师解释："两手心朝里斜交，如成一斜交十字封条形，使敌手不得进，犹如盗来即闭户，此谓之如封之意也，同时含胸坐胯，随即分开，变为两手心向敌肘腕按住，使不得走化，又不得分开，此谓之似闭，似闭其门不得开也。"封以自固，闭以逼敌，一开一合，自在其中。

（2）要注意"如封似闭"与"揽雀尾"之按式的不同，"如封似闭"走的是关门闭户，"揽雀尾"按式走的是引进落空后的合即出。

第12式 十字手

（1）重心微向后移，身势右转，左脚掌内扣，朝向正南；同时，随转体带动两掌弧形向上举至面前，两臂松圆，两手虎口相对，相距脸宽，掌心朝前。（图140）

动作提示： 左脚掌内扣为实腿碾转。马步过渡，扣脚完成，重心偏左腿。

两掌上举护在面前，手指不要超过头高。

图140

（2）右脚外摆至正南，重心右移；同时，两手向左右两侧展开，掌心斜朝前下方。（图141）

动作提示：先外摆右脚再向右移动重心。

图141

图142

（3）重心左移；同时，双手松腕、垂指，两臂微外旋，向体前弧形下落，掌心斜朝内。（图142）

动作提示：要先松开左腿，胯根和膝关节弯曲后再向左移动重心。

(4)重心全部移到左腿，右脚收到左脚内侧，两脚外侧与肩同宽，脚掌先着地，渐渐全脚踏实，两腿屈膝，朝向正南；同时，双手继续抄抱合至腹前，掌心朝内，左手在里，右手在外。（图143）

动作提示： 两掌从左右两侧划弧至腹前时，左手在里，右手在外，右手心轻贴在左手背上，指尖斜向下。

图143

图144

(5)重心移到两腿中间；同时，两臂外旋，捧在胸前，腕部交叉，同样左手在里，右手在外，两掌心都朝内，指尖斜向上。（图144）

动作提示： 重心调整在两腿中间时，松肩旋臂，手要同时向上捧至胸前，敛臀、稳住重心。

（6）两腿渐渐直立，两膝微屈，成开立步，面向正南；同时，两臂从胸前向上掤出，腕部交叉，与肩同高；两掌心都朝内，指尖斜向上。（图145）

图145

动作提示：两腿渐渐直立起来，不可臀部后凸或向前俯身。注意脚跟松沉，裹住裆劲，腰要松竖，头部上领，双手相贴，向上经胸前掤出，两手指尖顺势转向斜上方。两臂饱满，柔中寓刚，不用拙力。

【十字手综述】

（1）十字手，两手腕交叉相搭，状如十字，用的是开合劲，摆脚展臂为开，两手旋臂抄抱掤在胸前为合。"十字手法变不尽"，两手腕部交叉掤于胸前时，双手虚实交替变化，拧裹旋翻可攻可防，变幻莫测。

（2）杨澄甫先师云："如敌变双手按来，我即用双手将敌手由内往左右分开，手心朝上，或向下均可，惟结成十字手时，同时腰膝稍松，往下一沉，则敌所向之力，即自散失不整矣。"太极拳最为宝贵的就是这种变化，不是一成不变的招法，而是舍己从人地自如应对。

第13式　收势合太极

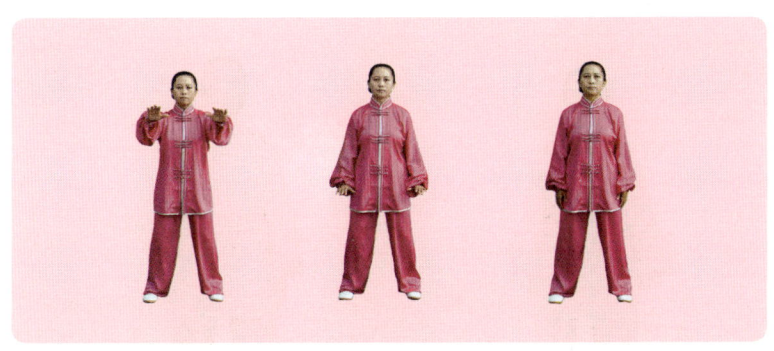

（1）两臂内旋翻转掌心向下，左手心从右手背上平抹，两掌左右分开伸展同肩高，掌心朝下，两掌相距同肩宽。（图146）

图146

（2）松肩垂肘，两掌渐渐坐腕，徐徐向下按至两腿前外侧，两手坐腕，掌心朝下，指尖向前。（图147）

（3）松腕垂指，臂外旋，两手掌心向内，复归于无极状态。（图148）

图147　　　　　　　　　图148

【收势合太极综述】

（1）太极拳势演练完成，收心意、调呼吸，一切复归于无极状态。

（2）杨澄甫先师云："合太极，此为一套拳终了之时，学者尤不可忽略，合太极者，合两仪、四象、八卦、六十四卦，而仍归于太极，即收其心意气息，复全归于丹田，凝神静虑，知止有定，不可散失，以免贻笑大方也。"

第三章　传统杨式太极拳练习方法

一、基本技法要领

　　学习传统杨式太极拳，要对自己的身体有全面了解，达到对身体的动态支配自如，按太极阴阳变化之理求周身的整劲。杨澄甫先师《太极拳术十要》中的内容涵盖了传统杨式太极拳的基本技法要领。虚灵顶劲是"十要"之首，但是虚灵顶劲离不开气沉丹田，气沉丹田又离不开松身，松身又源于脚下的功夫。周身上下相互关联，又相互制约，一动无有不动，牵一发而动全身。学习、掌握和运用杨澄甫先师讲的《太极拳术十要》是深入学习太极拳，从初级入门到循序进阶的重要组成部分。

　　太极拳是运用肢体语言表达出个人对太极拳的理解和诠释。我们的身体有下盘、中盘、上盘；细分肢体有根节、中节、梢节。

　　下盘也叫底盘，包括脚、腿和胯。下盘为根，要支撑全身重量，要沉稳有力。前后重心移动、左右虚实转换要平稳，胯不要左右凸出，臀部不要翻翘。膝不要内扣到脚内侧，前弓步时，膝尽量不要超过前脚掌，后腿不要挺直。

　　中盘为腰（包括丹田），腰为主宰，腰是身体运行变化的枢机。一般情况下，中盘要松活，腰要松竖，使身体保持不偏不倚。运动时，腰带动身躯、四肢的开合动作。

　　上盘包括头、肩、胸、背和手、臂。上盘要随，腋下要虚空，肘不贴肋，肘不离肋，手护胸前、面前，双手左右虚实互换。

从全身来讲，腿是根节，腰是中节，头是梢节。下肢的根节是胯，中节是膝，梢节是脚。上肢的根节是肩，中节是肘，梢节是手。无论上肢还是下肢，收时由腰顺序带动根节、中节、梢节收回；出时同样由腰顺序催动根节、中节、梢节发出。

（一）下盘

拳谚云："先看一步走，再看一出手。"太极拳拳架套路是由向前上步、向后撤步和侧行平移等步法组成，练拳架就是练活步桩，迈步出脚落地，一步一桩。桩功沉稳才能扎根于地下支撑住全身重量，又由下而上节节贯穿通达至周身。千里之行始于足下，练习太极拳也是要先从脚下练起。

吴图南先生对足的论述："足在全体之最下，为全身之根源。足动，则全身动，足停，则全身停。故练习国术者，应注意足之所在地，然后方能定攻守之计划。且步法敏捷，身法活泼，进退得体，攻守得当，因敌变化，以示神奇，皆在足之一举一动。"

下盘为根，传统杨式太极拳讲究落地生根，上步的脚一旦落地，全脚放平，在之后的动作中就不要再来回扭动，而是用腰、胯、踝调整位置的舒适稳定，这是出功夫的特定要求，不可以在一个动作中像滑冰一样来回调整脚的位置。比如在揽雀尾式子中的向前弓步和向后坐步，后脚不要来回碾转；连续上步的搂膝拗步式和野马分鬃式，外摆脚落地就恰到好处，要避免弓步时再蹬转后脚。对于一般大众健身和初学者，由于身体放松不下来的原因，可以适当扣或摆脚掌，保持身体的中正安舒，日久练拳周身放松后，就可以做到上述要求。

"松松松，太极功"。太极拳的放松要先松腿，先把身体的通道打通，这样才能将劲力松落到脚下，与地力相接，达到"力起于脚，发于腿，主宰于腰"。正确学习掌握太极拳的步法，就能初步掌握放松的方法，练出脚踏实地的太极功夫。行拳日久，向前上步的虚腿在上步之前，脚、踝、膝、胯根要完全处于放松状态，自脚跟着地瞬间要松腰、松胯，肩背上的劲力也顺势松落；之后，随重心前移劲力节节松沉到前脚下，虚腿由虚变实。此谓从下往上松，从上往下放。

松腿是放松身体的先决条件，如果腿没松开，小腿顶着膝，大腿支着胯，胯松不开，腰就松不下来，肩背也放不下去。通道不通，劲力放不下去，就像木桩单摆浮搁，一碰就倒。所以学习放松，是太极拳的基本功，由松而沉，完成太极拳的下实上虚。劲力徐徐灌注入地，就像大树扎根于地下，太极功夫越好，根扎得越深，重心越不易被牵动。

1. 前进步

出脚上步。先屈腿敛臀，重心坐在支撑腿上，上步的腿要放松，以大脚趾引领，与地面平行向前探出，随即脚跟（脚后掌）着地，前脚掌略向上扬（不要过高），在脚跟落地的同时松开腰胯，前脚掌落平，松落肩背，劲力引向支撑腿脚下，前腿的膝关节微向上提。

向前弓步。前腿屈膝前弓，重心前移（此时不要往膝关节上灌力），当感觉前脚掌完全贴实地面时，将劲力从前腿松落到脚下，随着重心继续前移，前腿渐实，后腿渐渐松开，尾骨前敛，成弓步步型。弓步到位注意敛臀，尾骨找前脚跟，稳定支撑腿，完成身体的下实上虚。

摆脚向前移重心。摆脚前，后虚腿的胯向下沉落，前实腿的胯根自然松开上提，前胯虚灵，膝向上提，此时重心已微向后移，前脚掌虚起，再以腰胯的转动带动膝、脚的外摆，前脚外摆至脚内侧对45°为宜。前脚外摆完成后，放平脚掌，膝向前弓，后脚跟要随着重心的前移缓缓提起，重心继续前移，敛臀转体将后胯向前合，这样就能轻松地将后腿收回到支撑腿内侧了。

继续上步。出脚上步的动作与前述上步的动作相同，只是要注意，上步前不要先转腰把尾骨正对着上步的方向，这是错误动作。先转腰再上步，支撑腿的膝关节会产生扭转，支撑腿劲力受制，膝关节受损。上步时不可牵带身体重心，放松脚踝，膝部弯曲了再向前弓步，不要将身体重量压在膝盖上。初学时，一定要给放平脚掌一点时间，只有脚踏实地，骨架周正了，才能松开周身，顺畅完成动作。另外，所谓脚下走弧线，是在上步的过程中，由于转体（俗称转腰）和敛臀将腿的收回与迈出两个动作自然复合生成的，不可一味的不转腰只用脚蹚走弧线。

2. 后撤步

后撤步与前进步有异曲同工之妙。向后撤步时重心要稳定在支撑腿上，虚腿自然向上提起，经支撑脚内侧向后45°方向撤出，切忌带体重向后落步。后撤步的脚掌先落地，随着腰的转动和腰胯的松开，脚跟内收至脚尖朝向前45°方向，全脚渐渐落平，此时要保持重心在前腿；随即屈后腿，向后移动重心，前脚随转体合胯，以脚跟为轴将脚尖碾正落平。后撤步动作完成后，重心稳定，身势沉稳，前腿膝关节微向上提。

继续撤步请注意，先将重心完全移动到支撑腿上，前脚掌向上扬起，以实腿的稳实带动虚腿屈膝上提，身势不可忽高忽低的上下起伏，虚腿提起的脚尖不要高于支撑腿的脚踝骨。

3. 侧行步（平行步）

练习侧行步的关键同样是全身松开，和上步的要点相同，劲力从支撑腿松落到脚下，支撑腿一侧的胯要松沉稳定，虚腿的胯要松活，出步时虚腿自然向上提起，向侧面跨出一步；收脚的动作也是如此，以实带虚。侧行步连续移动时，就像跷跷板一样，一侧腿渐实，另一侧腿渐虚。应避免支撑腿僵硬，用本力控制动作。

在练习侧行步时，不要忘记落下的脚和提起的脚要五趾松开，脚跟、脚掌、脚趾轻柔过渡，不可起落像砸夯一样。另外，每次过渡到马步状态时，一定要查一下腰是不是正对前方，腰胯是不是处在放松状态，这点很有必要。

4. 跟步

跟步的方式有跟撤步和跟半步。传统杨式太极拳的跟半步，一般只是跟进一横脚长，也就是跟一点就可以了，不是真的跟步长的一半。向前跟步的脚落地后，全脚放平了再向后移动重心，后胯根打开，在移重心转腰的同时，后膝要找后脚尖方向；当重心全部移到后腿，前脚跟或脚掌落地调整，腰向回转时，后腿的膝盖一定不要跟着向内扣而形成夹裆。跟步动作中最容易出现的问题就是后移重心时支撑腿的胯根不开，或向回转腰时，后腿膝盖内扣，结果是支撑腿拧劲，支撑不稳定，会导致膝关节损伤。

5. 碾步

碾步是以脚跟为轴，脚掌轻贴地面碾转（或以脚掌为轴碾转脚跟），如同碾砣在碾盘上转动一样，杨式太极拳的碾步由此而得名，这也是传统杨式太极拳的显著特点之一。实腿碾转是杨式太极拳的独特风格，有人提到过，这是为了能快速的向前上步，或者快速转换动作方向，连续上步时，实腿碾转运行连贯，不着痕迹，是更好的应敌步法。虽然杨式太极拳讲究实腿碾转，但是在碾转时不可把体重压在实腿上转，尤其是在我们身体没有完全放松的情况下，这种实腿压体重的碾转方法，不但有失灵活，而且严重损伤膝关节。所以，掌握正确的碾步方法非常重要。

碾步大体分以下几种情况：

（1）连续的上步，步与步之间的衔接需要摆脚碾步（如搂膝拗步、野马分鬃）。碾步之前，后腿的胯根沉住，前弓腿的胯根虚提，重心向前移动，尾骨找脚跟。这时前脚脚掌虚贴地面，以前脚跟为轴，腰胯转动带动脚掌轻贴地面向外辗转。碾步过程中，腰胯带膝、带脚一起动作，切忌脚掌独自妄动，或者膝动脚不动。

（2）拳势转换方向时需要扣脚碾步（如揽雀尾接单鞭），此类碾步转体大都在180°以上。开始时要微向后移动重心，将前腿变虚，以前腿的脚跟为轴，脚掌轻贴地面向内碾转。转体在180°以上的拳式，除了注意掌握碾转的方法，还要注意在碾转过程中，要圆裆开胯，不要夹裆。即在转体之前，后腿膝、胯放松，只要实腿的腰胯带动实脚碾转起来，就要边碾转边松开腰胯，在转体的过程中，渐渐松胯圆裆，有如马步过渡，避免了尖裆和撅臀。

（3）在大角度转体之后，形成弓步之势时，前腿向前弓，后脚需要向内扣脚碾转（如揽雀尾接单鞭，弓步即将完成时）。此处与简化24式太极拳的脚部处理方式是不同的，24式采用的是蹬脚跟，传统杨式太极拳是扣脚掌。这里体现的不仅仅是处理方法上的不同，更重要的是劲力上的不同。24式弓步时蹬脚跟，脚跟向后移动的同时劲力是向后下方泄去，与弓势相悖；而传统杨式太极拳在前弓之时，后脚以脚跟为轴向内扣脚碾转，有一个助攻的向前上方运出之势，同时腰有可靠之后援。这是二者之间根本上的不同，注意在做这个动作之时，扣转腿的胯膝要松活，这是要点之要。

碾步时应注意，虽然是实腿碾转，但不可将体重全部沉落在前弓腿的膝关节上，内劲要向上虚灵，腰、胯、膝、踝一定要放松。腰胯不转，脚万万不可自作主张地先动，腰胯动膝动脚动，腰胯停膝停脚停。在腰的带动下，脚的碾转恰到好处。碾转时，膝盖正对脚尖方向也是至关重要的。在传统杨式太极拳的动作中，所有脚的外摆、内扣等动作都离不开腰的带动，脚不可独自妄动。在碾步过程中，胯动、腰转，膝盖要始终保持正对脚尖方向。

（二）中盘

中盘为腰，腰是太极拳运动的核心部位，太极拳历来强调"腰为主宰"的重要性。《太极拳术十要》中第三要为"松腰"，"腰为一身之主宰，能松腰然后两足有力，下盘稳固；虚实变化皆由腰转动，故曰：'命意源头在腰隙'，有不得力必于腰腿求之也。"

腰是中盘，如果忽视了"腰为主宰"的作用，下肢和上肢各行其事，力就不能很好地由下而上节节贯穿的传导过去。古人讲，腰以下、大腿骨以上为胯，现在统称为骨盆，人们也会通俗的把骨盆左右两侧的髋骨称为胯骨，把髋关节称为胯骨轴。骨盆通过骶髂关节与脊柱上的第五腰椎相连，通过髋关节连接下肢。腰通过胯连接下肢，腰通过脊背至肩锁关节连接上肢，形成一个联动的整体，这样才能发挥"腰为主宰"的作用，才能实现"由脚而腿而腰"的节节贯穿，实现"主宰于腰、形于指"的周身完整一气。

太极拳中的松腰活胯，活的是左右两侧的髋关节。胯分左右，有实有虚，不断按拳势的运行变换虚实。太极拳的腰平时要松竖，一旦要发力时，就要与胯紧密结合，蓄好腰弓，将脚下的力节节向上运行，在发力完成的瞬间要及时松开腰胯，复又保持腰部的松竖状态。腿是人体的根基，如果腿没有松开，胯处于僵紧状态，腰的主宰功能就微乎其微。

初学太极拳架，经常会被各种胯的说法搞糊涂，比如开胯、落胯、缩胯、坐胯、塌胯、合胯等等。无论复杂成多少种，这些动作都是由于组成髋关节的髋臼与股骨头两部分以及联合部位肌肉、韧带的收束、开张以及旋动整合组成的活动状态。胯的运转要圆活，是立体的转动，前后、上下、左右，可正转、可逆转，根据身体虚实变化的大小、方向而变化。定势时，实腿的胯要稳实，虚腿的胯要松活；转换时，运动腿一侧的胯一定要松活，胯活则一身活，只有胯松活了，才能上下相随，举步轻灵，变转虚实隐于无形。

人体的脊柱是拱形结构，有良好的弹性，起传递压力和缓冲震动的作用。脊柱各椎间关节活动范围不大，属于微动关节，所以腰要避免横向主动发力；髋关节的关节窝深，有各种韧带牵拉，非常坚固，可做多方向的屈伸和环转运动。不正确的腰部发力动作容易导致脊柱的损伤，在太极拳的练习中，特别是推手技击上，要科学合理的运用腰力，避免用力不当损伤腰椎。

传统杨式太极拳练拳时，不要塌腰、翘臀，要竖腰、垂臀。俗话说"弯弓射箭"，人人身上都自带这张弓，就看会用不会用。蓄劲就是将弓拉开了才具有威摄力，可是如果只拉弓不放箭，这张弓是没用的，所以，箭发出去之后，这张弓也要完全恢复到自然状态。腰也是这样，随着拳势的需要开合、蓄发，而不能一成不变的弓着腰或挺着身板练拳。但是需要记住，蓄劲不是猫腰，或主动将命门后撑，挺胸收腹也不能称之为自然状态。

初学拳架就如同走路、做家务活一样，要完全处于放松自然状态，身心放松，不要拿着劲，身形上要肩不耸、背不驼、胸不挺、头颈自然。最简单的松腰就是松腿、溜臀，腿松了，腰胯自然处于放松状态。

习拳日久，周身肌腱、韧带和肌肉的伸展性增加、骨节松活，关节运动幅度加大，身肢柔韧性增强，功力渐长，内劲渐生，动既有开合。

（三）上盘

1. 虚灵顶劲

《太极拳术十要》中第一要为"虚灵顶劲"。"顶劲者，头容正直，神贯于顶也。不可用力，用力则项强，气血不能流通，须有虚灵自然之意。非有虚灵顶劲，则精神不能提起也。"做到虚灵顶劲要记住三点：头要保持正直；虚灵自然，不可用力；领起精神。

怎样做到头容正直？简单的方法是头部自然放松，枕骨微微上提，下颌自然向内收至恰到好处，脖颈自然松竖，无强提硬顶之劲。结合身势、肩背的松沉，头部处于中正安舒状态。

学习太极拳，每个阶段都有不同的要求，初学求的是自然中正。虚灵顶劲，在身体未练出松沉劲之前，想显示虚灵顶劲就会把劲提上来而松不下去。所以，虚灵顶劲不可用力上顶，还须遵从自然法则。

王宗岳《太极拳论》中说："虚灵顶劲，气沉丹田，不偏不倚，忽隐忽现。"这里的"虚灵顶劲，气沉丹田"透彻地表达了太极拳阴阳虚实变化的精髓，虚灵顶劲源于气沉丹田。如果抛开气沉丹田讲虚灵顶劲，大都会在如何领、如何顶上下功夫。结果，血压上去了，脖子也僵硬了，使人误入歧途。还有错误的理解为腰以下往下沉，腰以上往上领，搞的初学者从腰处把身体拉开，腰处于断开状态，上肢与下肢不接，这样的腰不能主宰身体自如运动。

《杨氏老谱八法秘诀》中有一句话叫"先实丹田气，次要顶头悬"，这句话明确了二者的关系。"顶头悬"指的就是"虚灵顶劲"，练拳时，内劲向下松落，顶劲自然、虚虚向上领起，就如同在水里向下按葫芦，自有一股向上的浮力。所以"虚灵顶劲"不是靠顶来完成的，它与气沉丹田不可分开看待。练拳日久，身体通道畅通，既有向下的松沉劲，又有向上的虚灵劲，是同一通道同时存在的两个不同方向的力，这些力是根据外力的变化而变化。此时内劲油然而生，以腰为主宰，周身协调一致，以不变应万变。

随着练拳时长的增加，内劲充盈，周身饱满浑厚，加上心意上的贯注，得到由松沉产生的虚灵，精神自能提起。拳修炼到高级阶段已将周身合为一家，虚灵顶劲的真正意义是为了应变，像太极图阴阳鱼的眼睛，阴鱼里有阳眼。阳鱼里有阴眼，有这点虚灵就可瞬间生出变化，在变化中求得平衡，"放之则弥六合，卷之则退藏于密"。

2. 含胸拔背

《太极拳术十要》中第二要为"含胸拔背"。"含胸者，胸略内含，使气沉于丹田也。胸忌挺出，挺出则气拥胸际，上重下轻，脚跟易于浮起。拔背者，气贴于背也，能含胸则自能拔背，能拔背则能力由脊发，所向无敌也。"

能含胸必能拔背，拔背时必有含胸。含胸拔背虽然同时出现，但是，在做动作时，也分主次、虚实。确切的讲含胸拔背是指太极拳势在蓄发时的两个不同状态，太极状态蓄合时以含胸为主，背部动态辅助，发放状态时，气贴脊背以拔背为主，胸部动态为辅。含胸与拔背这两种状态时时交互变化，蓄为横向拔开，发为纵向拔长。所以，我们对太极的认识除了知道有阴阳两方面，还必须认识到其中的动态变化，在动态变化中追求阴阳的平衡协调。

太极拳的练习要领是前辈通过按太极原理练拳得出的经验，然后用文字记述下来的，后人则是按要领去练拳。当内劲没有练到身上，并且没有理解其中含义就模仿含胸拔背的动作，总想学老拳师身上含胸拔背的劲就容易练偏，非但练不出内劲，反而低头猫腰、弓肩驼背，这是必须要忌讳的。

初学拳架不要被"含胸拔背"所束缚，只要记住，练拳时上身保持自然正直，把握住肩胸不挺不扣，中正舒松，腋下虚空，手臂自然伸长，随拳势的开合而变化即可。

3. 沉肩坠肘

《太极拳术十要》中第五要为"沉肩坠肘"。"沉肩者，肩松开下垂也。若不能松垂，两肩端起，则气亦随之而上，全身皆不得力矣。坠肘者，肘往下松坠之意，肘若悬起，则肩不能沉，放人不远，近于外家之断劲矣。"在初学太极拳阶段，肩关节不松活，胳膊就像是长死在肩上一样，手一动就抬肘耸肩，有的甚至用压肩代替沉肩。正确的做法是，松开肩关节，放松肩背部的肌肉，所以初学讲松肩垂肘更好理解和操作。

臂由伸展到屈收的动作就是由肩肘的动态协调完成，有人称屈臂叫折臂，在拳架套路里典型的屈臂动作为搂膝拗步、高探马、倒撵猴的后手由伸展到屈收的动作。传统杨式太极拳的屈臂动作不仅仅是外形上手臂的屈折，内里充分体现的是以腰脊的开合带动上肢的收放状态，其中也包含了肩、背部的放松问题。

正确的屈臂动作就是要先松肩再展臂，从手一动就开始松肩，渐渐松开肩关节，前臂扬起时，肩部松沉；屈臂动作，前臂渐渐向上立起，向内折回，上臂不要跟着上抬，肘部略靠近身体，手的高度在耳侧。

松肩垂肘还要保持腋下虚空，上臂不要贴着自己的身体。肘与身体有一个合适的距离，当肘部运行靠近身体时，大约相距一拳。肘离身体近了形成夹腋，肩上的劲放不下去；远了则形成架肩、架肘，身势散乱，易被人制。松肩垂肘也是实现松沉身势的一种辅助方法，在整个拳架运行过程中要保持始终。另外，肘、臂同时还有护肋的功能，在武术格斗中，胸肋部有致命要穴，易受攻击，所以有肘不贴肋、肘不离肋一说。初练时可以关注一下动作中肘离身体的距离，练拳日久，身上有了内外合一的松掤劲，这个腋下虚空的分寸就能自如把握了。

松柔到高级阶段，练出骨肉分离，肘与肩基本脱离连接，肘不再受制于人。但在发力时，无论如何，肘一定要保持向下松垂，不能向上翻翘，否则力不能完全贯注于前，一部分力会从肘尖分流出去。

4. 上盘顺随

太极拳的上肢运动多是向前、向后、舒展、屈回，上肢动作的完成，是腰与脊背相连接，由根节到梢节，节节贯穿。手领向要去之处，在腰的催动下，由根节到梢节。上肢和下肢的不同之处在于下肢要承受全身的重量，上肢则没有这种承重，利于动作的灵活，但更要注意不可轻举妄动。

上盘要顺随，整个身体内的通道要通，每个关节、每块肌肉都不可僵硬，这样内劲才能畅行无阻。上肢动作的通道不仅仅是从肩开始的整条手臂，而是由腰连接半侧脊背，通过肩至整条手臂。只有肩胛骨完全松开，肩关节练松活，胳膊不长在肩上，才能把两手臂直接与命门相连通。心意动、丹田动、腰即有动，劲力直达手上。手的动作分虚实，一手出，另一手收；一手高，另一手低。做上肢动作时，腰与脊背挂上挡，无论是手向外伸出还是向内收回，整个半侧脊背都参与其中协调运动，实现上肢在腰的带动下，左收右放，右收左放，左右相连通的节节贯穿。

上盘通道中，肩胛骨被公认为是最难松开的，本书第四章太极小功法中有一节专门介绍松肩和拉肩胛，可参照练习。

（四）周身一家

周身一家指的是在行拳走架时，周身节节贯穿，一动无有不动，无过不及的统一协调于一身的动作。最后要将周身整合在一起，做到"手领、腰催、身随"，上下贯穿一气。手领着往要去的地方去，腰在手的后面催动着，身也要完整一气的跟上。如果手慢了，腰跑到手的前面，身子过去是要挨打的，所以手要护在面前。如果手在前面走，腰没有跟上，身势是散乱的。身随，则是臀部要能跟得上重心的移动，不要坠在后面，要灵活。

1. 分清虚实

《太极拳术十要》中第四要为"分虚实"。"太极拳术以分虚实为第一义。如全身皆坐在右腿，则右腿为实，左腿为虚；全身皆坐在左腿，则左腿为实，右腿为虚。虚实能分，而后转动轻灵，毫不费力；如不能分，则迈步重滞，自立不稳，而易为人所牵动。"

"两腿宜分虚实，起落犹似猫行"，这是传统杨式太极拳的显著特点之一。分清虚实不仅仅是在定势时重心的虚实分配，更要在行功走架步法变换的动态中完成这一技术要点，实现虚实变化、忽隐忽现，人不知我，我独知人，达到以弱胜强。练习杨式太极拳，要在整个拳势套路中走出轻灵的步态，走出步换身随的腾挪气势，这一切都始于松，源于沉，进而由沉生出轻灵。练习太极拳，放松是手段，松沉是过程，不是目的，灵活才是太极拳的目的，才能引进落空，以弱胜强。

从预备势到起势要分出上下的虚实，完成下实上虚，体内发散出充盈的气感，以实带虚开始进入左右虚实的转换。每一式运行终了即是下一式的开始，此刻实中要留有虚处，以利式与式的转换，上下、左右、前后的虚实要合度，无过不及。

具体操作上，例如揽雀尾的掤、捋、挤、按，前弓后坐的动作比较多，有多次的虚实转换，每当重心在前的弓步完成时要松开后腿，重心在后的坐步完成时要松开前腿。再次移动重心之前，虚腿的脚趾、脚踝、膝窝、胯根都要在放松状态下。做到这样才能在重心移动时，膝窝、胯根无阻碍的自然弯曲。也就是说，凡是移动重心前，要保证虚腿是在放松状态，这就是从下往上松。当虚腿的脚跟或脚掌一旦贴实地面，就要随着重心的移动松腰松胯，肩背顺势随着腰胯一起向下松落到支撑腿脚下。边移重心边变换两腿的虚实，肩背放松下去，完成上虚下实，这就是从上往下放。实腿的变化和虚腿的变化是同时进行的，都是渐变的进行，不要等重心移动完成后再松虚腿。

只完成了松沉，动作还未完结，前弓后坐动作到位，尾骨找脚跟去稳定实腿。这里存在一个"提"的问题了，这是劲力运行的问题。如果最后这一提没有完成，就是压体重了，虽然松沉了，依旧没有达到灵活的目的。但是如果没有经过松沉的练习，直接找轻灵，脚下无根，只能称之为浮。

2. 用意不用力

《太极拳术十要》中第六要为"用意不用力"。太极拳论云："此全是用意不用力。练太极拳，全身松开，不使有分毫之拙劲，以留滞于筋骨血脉之间，以自缚束。然后能轻灵变化，圆转自如。或疑不用力何以能长力？盖人身之有经络，如地之有沟洫。沟洫不塞而水行，经络不闭则气通。如浑身僵劲满经络，气血停滞，转动不灵，牵一发而全身动矣。若不用力而用意，意之所至，气即至焉。如是气血流注，日日贯输，周流全身，无时停滞。久久练习，则得真正内劲。即太极拳论中所云：'极柔软，然后极坚刚'也。太极拳功夫纯熟之人，臂膊如绵裹铁，分量极沉。练外家拳者，用力则显有力，不用力时，则甚轻浮。可见其力，乃外劲浮面之劲也。不用意而用力，最易引动，不足尚也。"

"用意不用力"的注释是《太极拳术十要》中着墨最多的内容，重要之处有三点，一是"全身松开，不使有分毫拙劲"；二是"牵一发而动全身"；三是"得真正内劲"。同时在第九要"相连不断"中也提到了"用意不用力"的问题，所以说太极拳的"用意不用力"，不仅仅是用不用力和不用拙力这么简单，必须具备全身松开、一动无有不动和内劲在体内畅行这三个要素。

用意不用力是练习太极拳的基本要求，初练时，要先静心、松身，将动作中攻防意识的想法灌注到肢体上，"练太极拳就要出太极功夫"是师父方宁先生常说的一句话。全身松开是太极拳的初步要求，放松身体，打通身体通道，松活各大小关节，与对手接触的瞬间，直接将劲力引到自己脚下，其间没有传导过程，松得越好，动作完成的速度越快。

身上松活了就要掌握劲力的传导，一动无有不动。上下的呼应、左右的呼应、前后的呼应、对侧的呼应。既然是呼应，肢体就像说话聊天一样，有问有答，不可动一侧而另一侧没有反应。练拳时不要将劲走老了，不知分寸的将劲力运到头。强弩之末已无优势可言，而此时后方空虚，无人值守，失去中正，易为人所乘。更进一步的是，周身要虚实合度，守住自己的中，无过不及。

松的方法练对了就能练出沉劲，能接得上地力反出有弹性的内劲来。内劲在体内就像水的流动一样畅通无阻，在腰的主宰下，周身节节贯穿。一旦对方动作出现缺陷，马上就能做出反应，从中取胜。

用意不是用自己的主观意识想好了要怎样做，而是太极功夫上身后的"舍己从人"，只有舍己，才能从人。意念要跟着对方走，感受对方想要做什么，对方出招我接招，在动态中保持自己的虚实合度和与对方的虚实合度，一旦对方丢扁、顶、抗，立即出手打顺。徐长洪师父讲："手指永远扣在扳机上，机会一来，就搂火。"太极推手不离粘连黏随，舍己从人既要避免主观上的生打愣要、以力相搏，又要知道取舍，同时要守护好自己的根本，根本丢失了就是逃跑和败退。

3. 上下相随

《太极拳术十要》中第七要为"上下相随"。"上下相随者，即太极拳论中所云：'其根在脚，发于腿，主宰于腰，形于手指，由脚而腿而腰，总须完整一气'也。手动、腰动、足动，眼神亦随之动，如是方可谓之上下相随，有一不动，即散乱也。"

这是很重要的不可忽略的概念，是以腰为主宰，劲力由下而上节节贯穿发出周身整劲的太极劲力的解读。由意动引发内动，丹田蓄发，下肢由腰胯带动，上肢由腰脊带动，一动无有不动，而且是有序的动。蓄合时肩胯相合，丹田沉实，胸部含得恰到好处；发放时丹田陡然爆发，脚下生根，内劲顺脊而上，拔背而起，通达于手。脚和手都不能脱离腰的带动，虽一动无有不动，但也是该谁动谁动，不该动的不能妄动。左右、上下，周身协调一家，身体各部位随变化相互合作，紧凑而不僵硬，变动而不妄动。

4. 内外相合

太极拳讲究外三合、内三合。外三合是：肩与胯合、肘与膝合、手与足合；内三合是：心与意合、意与气合、气与力合。《太极拳术十要》中第八要为"内外相合"，这是对合提出了更进一步的要求。"太极拳所练在神，故云：'神为主帅，身为驱使'。精神能提得起，自然举动轻灵。架子不外虚实开合。所谓开者，不但手足开，心意亦与之俱开；所谓合者，不但手足合，心意亦与之俱合，能内外合为一气，则浑然无间矣。"

太极拳既然以太极冠名就要遵从太极阴阳交合互变的原理，太极拳是武术，是个人徒手搏击术，其中必然离不开攻防之道。以内带外，实现内外相合，合于太极之道。学习拳架，先求开展，后求紧凑。既先学习外三合，骨架周正，动作无过不及。由外入内，体会内三合，再由内带外，完成内外相合。

有些习练者盲目地将肘与膝相对，板着身子转动肩胯，错误的认为这就是外合。简单来说，外三合是骨架周正，不突臀扭胯、不手脚散乱即可。内三合是意、气、力相合，只有内外相合，对自己的肢体有了感知，才能真正理解什么是正确的外三合。

太极拳有着特殊的运动方式，即四肢伸缩皆借助于丹田的催动，也就是人体核心部位各部分肌群的牵拉。手向外出是由内从根节向外达于梢节，也就是由肩向外传导，经肘至手；手向内收也是做为根节的肩先收，既而肘动，手顺势收回。上下肢是同样道理，这些动态都是在全身放松的前提下实现的。

内外相合是练习太极拳的更高境界。丹田是劲力集蓄之地，发力之前周身相合，蓄即在此处；如遇外力来袭，力点转瞬即逝，虚实转换与对方的力度、速度相合，既不快也不慢；如若对方身形、重心出现缺陷时，心意一动，丹田主导，腰为主宰，借助地力，胯与腰同步运动，贯穿到上肢，或身上各发力点。所以说，在内是心意、丹田，在外是腰胯、背脊、四肢，内外相互联系、相互作用，不可分割，"内外合为一气，则浑然无间"即刻发之于无形。

5. 相连不断

《太极拳术十要》中第九要为"相连不断"。"外家拳术，其劲乃后天之拙劲，故有起有止，有续有断，旧力已尽，新力未生，此时最易为人所乘。太极拳用意不用力，自始至终，绵绵不断，周而复始，循环无穷。原论所谓'如长江大河，滔滔不绝'，又曰'运劲如抽丝'，皆言其贯串一气也。"

太极拳的动态是一部精准的机器，手领腰催身随，式式相连，环环相扣。周身各处互相关联,一动无有不动,意为主帅,腰为主宰,手是先锋。

练拳开始阶段先做到肢体收放就可以了,随着水平的提高,就要注意收与放之间的转换。放时不可放到极限后停顿,有所谓的定式亮相,而要在放到即将到位时就已经孕育着收;在收到适当之处就已经暗藏着放。开合也是如此,开中有合,合中有开,从太极起势开始至收势"合太极",动作与动作之间,式与式之间都是在不着痕迹的进行着虚实转换,在收放、开合中体现出太极生生不息的阴阳变化。

做到"相连不断"还要注意,上肢动作与步法相协调,身体的松沉与轻灵,左右虚实转换,内劲如水一样在体内流动,松柔圆活,守中合度,在动作的任意位置都能稳定重心,攻防兼备。久练即可走出轻柔缠绵的内劲,太极拳"相连不断"的浓厚味道也由此而生。

6. 动中求静

《太极拳术十要》中第十要为"动中求静"。"外家拳术,以跳踯为能,用尽气力,故练习之后,无不喘气者。太极拳以静御动,虽动犹静,故练架子愈慢愈好。慢则呼吸深长,气沉丹田,自无血脉愤张之弊。学者细心体会,庶可得其意焉。"

老子《道德经》中教诲"致虚极,守静笃",静心是打通身体通道的关键,心不静则体不松,只有心静下来,周身骨骼、肌肉才能松开。清代李亦畬《五字诀》中明确写道:"一曰心静、二曰身灵、三曰气敛、四曰劲整、五曰神聚。"心静放在了第一位。

静心练拳,太极拳运动是要有意识的静下心来,所以有"神宜内敛"一说,把神收敛回来,反观内视。在练拳过程中,心静可使得周身易于放松,对周围的动态更加敏感。太极拳动作不是靠想出来再做反应,而是靠身体自然的应对。这种自然的应对是勤学苦练、去僵化柔、身体内部发生质的改变由后天返先天所为，所以又有皮肤的记忆和骨骼的记忆之说。有人管这种现象叫"心脑不接"，用科学道理解释，是由于心静致使人的大脑皮层和交感神经为代表的高层次功能的活动减低，副交感神经低层次功能活动增强产生的结果。

"神宜内敛"不是为展示给别人看，类似戏剧舞台亮相般的神气活现又目光炯炯，处处拿着劲；而是收敛心意，神态含蓄自然却又莫测难辨，从容不迫、动静相宜。

7. 气沉丹田

气沉丹田是太极功夫到了高级阶段必定遇到的问题，气是什么气？丹田又在哪里？气怎样沉入丹田？这是初练拳者困惑不解的事，加上每个人练拳中的感觉也不完全相同，丹田也被很多习武者视为禁区，是一个不容易讲清楚的问题。

中医学认为，人身之气为两种，一种是呼吸之气，一种是五谷精微之气（亦即营养物质）。呼吸之气入肺，而五谷精微之气就是我们常听说的气血周流全身。

丹田分上、中、下丹田。习武修炼的丹田指的是下丹田，其位置是人的腹部正中线脐下三寸（即自己的食指、中指和无名指并拢后的第二关节横指宽度），也是中医上的关元穴所对应的腹内部位。下丹田是道家练功诱导得气的主要部位，其作用是调动体液系统，激发体内能量物质，调节、充实体液循环，提高整体代谢机能，从而发挥激能性效应。这对人体充实下元、防止早衰、保健延年起到重要作用。

从现代解剖学和生理学的观点看，下丹田所在的部位至今并未发现有特殊的形态和功能。

从人体科学的道理讲，人的腹部有很复杂的肌肉群，包括腹前壁的腹直肌、腹外斜肌、腹内斜肌、腹横肌和腹后壁的腰方肌，腹前壁还有腹直肌鞘、白线和腹股沟管。人体在运动时产生对肌肉的牵拉,腹部肌肉伸缩变化,结合逆腹式呼吸,腹部内压有所改变,会让人感到腹部充盈有气感。经常进行这种腹部锻炼,会增强腹壁部位弹性和腹内压对抗能力。

现代运动学观点认为,人体核心部位是最接近身体重心的中间环节(腰—骨盆—髋关节),包括脊柱、骨盆及其周围的肌群。人体核心力量是以稳定人体核心部位、控制身体重心、传递上下肢力量为主要目的的力量能力,是整体发力的主要环节,对上下肢体的协同用力还起着承上启下的枢纽作用,这与我们常讲的丹田部位及丹田的作用相吻合。

从武学家的角度看,丹田被喻为"有象无形",丹田象经络一样实实在在存在于人体之中,却又看不见摸不着。其实人人都能感受到丹田的存在,只是自己浑然不知罢了。例如,深深的咳嗽一下,腹部动力最充实的部位就是丹田所在。

气沉丹田不是将呼吸之气压入丹田,而是将劲力能量集蓄于丹田。支撑腿上的劲力要松沉到脚底,与地力相接。发力时,从丹田部位爆发出一股劲道,这股劲道从肢体的根节经中节向两端的梢节传导,一端到手上,一端到脚上,脚因为踩着地,直接从脚下向上靠腰胯的有效连接合于丹田,上肢则是通过腰脊的连接通到手。丹田动,脚一踩,力道就达于手上,脚到手到。所以太极拳发人之快,力道之大,都源于这个方面,这就是太极拳特有的力的传导方式。气沉丹田蓄势待发,周身劲力松沉到脚底,这就是太极拳忽隐忽现神鬼莫测的功夫,在发与不发的变化中立于不败之地。

太极拳在外是以腰为主宰,腰胯和腰脊分别做下肢和上肢力的传导通道,力的控制枢纽就在腰,来来往往的劲力集蓄于丹田,又从这里出发到该去的地方,内在就是丹田的催动,力出发的时间、大小和方向就是用心意传达、丹田控制。劲力的收回也是如此，丹田瞬间变化收缩，腰胯皆松，力隐于无形。

练习太极拳大圈到小圈，小圈到无圈，就是从用肢体练拳求舒展开始，渐渐求肢体的紧凑，虚实变化的合度，进而引动丹田，内外结合起来完成动作的整体劲力。这种对劲力收放控制能力的大小就是评价太极功夫高低的标准。

（五）太极八法

掤、捋、挤、按、採、挒、肘、靠是太极拳的八门劲法，是手法上的应用方法，简称太极八法，掤、捋、挤、按是四正，採、挒、肘、靠是四隅。"揽雀尾"是杨式太极拳的核心拳式，其中包涵了掤、捋、挤、按四正手。"掤捋挤按须认真"，初学的拳友，练揽雀尾要明白每一动的攻防含义，在拳势里体会动作要领，练出拳意。由下而上，上下不要脱节，拳意有了，才能意到、气到、力到。这里的气是周身一家的松柔内劲，这里的力是由内劲催发出的强大力道。

1. 掤在两臂　有出有收

"掤手向外，必有向内牵回之意"，掤不是硬顶，比谁力大，比谁根稳。掤手出的是沾粘劲，有向外出的劲就有向内收的劲，沾粘到对方的肢体后，就要随对方的动态而动，对方进则我收，对方退则我出。掤劲一出，攻防兼备。

2. 捋在掌中　身动手随

捋是收回，不是用手拉扯对方，左手带住对方左手腕向左腹前收回，右手看住对方肘关节向左横推，边向后移重心边转腰横捋，完全是身势和腰腿上的劲。

3. 挤在手背　稳在下盘

两手相搭，手背与对方接触，随重心前移，劲力沉稳在前脚下，源源不断的将挤劲输送过去。底盘的稳定结实是发挤劲的保障，挤不是用手背去挤，而是用底盘的稳定去挤。

4. 按在腰弓　齐出并进

双手向前按出之前，肩胯相合，松腰蓄劲，腰、肩、胯整合在一起，重心前移，尾骨前敛，前脚踩得住才能发好按劲。还要松肩垂肘，固定好上臂和前臂之间的夹角，两掌根与脚下的力相合。

5. 採在十指　冷脆惊弹

採要先用手指拿住对方，瞬间惊弹，发出冷脆劲，直接将自己的手与脚合住，不可轻易使用。

6. 挒在两肱　拧腰合力

两臂合力发挒劲，发挒劲往往要配合沉身拧腰。

7. 肘在屈使　开肩紧背

向外发肘劲速度要快，小臂端平，肘要出尖，拳不贴肋不离肋，由含胸蓄劲到拔背发劲，肩要打开。

8. 靠在肩胸　贴身后发

远拳、近肘、贴身靠，靠不是撞击，不贴身不要打靠，没贴上就会靠空了，贴的太实，发不出脆劲。

二、常见问题及解决方法

现代太极拳的流行传播和以前大不相同，老辈人传下来的是面对面的"口传心授"，少有文字和影像。在信息和媒体高度发达的今天，太极拳理论书籍和影像数不胜数，很多人借助看书、看光盘学练太极拳。如果没有经过前辈的正确指导，陶醉在良好的自我感觉中，毛病缠身还一无所知，这样学拳，健身没有问题，但是与传统太极拳相差甚远。学习太极拳从对太极拳理的认知，到对动作的理解，最后是能用身体的动态解读太极拳，一步步都是从最基础的开始，不然则会"差之毫厘，谬以千里"，以下便是学练太极拳经常遇到的问题及解决方法。

（一）心急气躁

心急气躁、好高骛远、这山望着那山高、东家学一招西家学一式、今天学拳明天就想出功夫、一瓶不满半瓶晃荡，学拳多年仍然对自己肢体的基本动态毫无知觉，主要原因是心没有静下来。李亦畬《五字诀》一文中，第一要诀就是心静，"心不静则不专，一举手前后左右全无定向，故要心静。"心静才能身灵，气敛，达到神聚、劲整。

太极拳是以太极的理念、思维方法指导行拳，心不静则无法反观内视，静静体察自己身体各部细微的动态。所以，学拳首先要静心，要收心敛性。尤其是刚开始学习太极拳，先把心静下来，从开始的手眼身法步学起，从道理上明了一招一式的练法，经过持续不断的练习，从熟练直至能随心所欲地指挥自己的身体动态。这是一个从心知到身知的过程，一式熟练再攻克另一式。在学习的过程中，要知道每一式应该怎样练、为什么这样练、是否符合拳理，一点点将周身上下左右整合起来，逐步练出太极功夫。

太极功夫不仅仅是会打拳架套路，还要学习推手。自己一人单练总会觉得自己松的很好，动作规范，但是当外力加在自己身上时就不知如何是好，哪里有外力加在身上，哪里就紧，一遇来力就想使劲，这是人体后天生成的自然反应。不练习太极推手，拳架永远处于模仿阶段，只有经过长期推手与拳架的磨炼，去掉后天生成的生理反应，才能返回到先天状态，这是在长期的推手磨合中静心体悟出来的。

（二）身型不正

身型不正主要有以下几种情况：前俯后仰、耸肩抬肘、挺胸驼背、凸臀扭胯、跪膝夹裆等。身型不正会造成支撑腿摇晃、重心不稳、压体重等现象。

杨家练拳最讲究骨架周正。武禹襄在《十三势行功要解》中提到过"立身中正安舒，支撑八面"。立身中正有身形上的要求，还有意念上的要求。比如练拳架时不要凸臀扭胯、前俯后仰、歪头斜肩等，都是对身型的要求。周身要放松，骨架要周正，这样才能支撑八面。至于意念，在推手中表现的更为重要，不贪不躲、守我中土。

1. 前俯后仰

出现身型上前俯后仰问题，产生的原因是多样的，知道了原因才能解决问题。

太极拳动作在向前弓步移动重心时，如果下盘没动，上身先动，就会出现往前俯身的现象；还有就是前虚腿僵直，重心向前移动，膝关节难以弯曲，上身动态先于膝关节弯曲造成上身前俯。这是没有掌握上身要随着下盘的动态而动。太极拳"腰为主宰"，腰胯连带着下肢，力的传导是节节贯穿的，下盘不动，上身不可妄动。

在上步时由于转体不当造成支撑腿骨架扭曲，难以承受全身重量，上步时没办法敛臀坐在支撑腿上，虚腿的胯不活，造成虚腿提不起来，只能是上身往后仰把腿直直的迈出去，以减小支撑腿上的压力。上步向后仰身的问题要从实腿的支撑上去找，保证支撑腿在骨架周正的前提下，坐稳在实腿上，虚腿提住后再向前迈步，不要带体重。

2. 耸肩抬肘

耸肩抬肘是表面现象，产生的原因是肩不松活，胳膊长死在肩上了，只要手一动作，肩肘就向上抬起。

太极拳盘拳走架时，松肩垂肘要保持始终。松肩包括松肩胛骨，胳膊不可长死在肩上，而是直接与命门相连，心意一动，即由丹田催动命门将左右手同侧的背部连带胳膊至手一起动作。肩成为手臂动作的一部分，肩一松开，腋下也就虚空了。本书第四章里有松肩、拉肩胛的小功法，可参照练习。

肘要下垂，肘不离肋，肘不贴肋。肘本身也是身体的一道防线，肘抬高了，身体侧面必定露出破绽，肘贴近身体，就会形成夹腋。夹腋最大的问题是容易被对方用自己的肘打自己的身，发力时肩肘上抬，发出的力大打折扣。

3. 挺胸驼背

挺胸是由于肩开得过大，脊柱缺少松活造成的。练拳时，注意两臂伸展的角度，不宜开展过大，两臂伸展到180°就失去了灵活变化。太极拳有开有收，两臂伸展，两肩松开，向内包容，脊椎一节节都要能松动起来，这样就不会出现挺胸的现象了。

驼背有的是本身形体弯曲造成，有的是受到命门后撑这句话的影响，单纯模仿命门后撑、肩向内扣合则形成驼背，这是错误的。老拳师练拳多年，丹田有了内动，以内动带外动，丹田在意念支配下，根据动作蓄发的需要做出相应动态，命门的动态是缘于丹田动态的大小和方位而动。主动后撑命门是本末倒置，结果造成腹部空虚，弓腰驼背这与拳论中要求的虚心实腹相悖。

杨式太极拳讲究"立身中正""中正安舒""守中用中"都和"中"有关。初学太极拳没有内动，不要想命门后撑，要在完全自然状态下放松行拳。周正上身，先不找劲，而是找每个动作的点，把点细化了，动作流畅起来，练得舒松自然，这才是第一步的追求。

4. 臀部不正

臀部不正包括臀部左右歪扭和臀部向后凸出，这是身形不正的现象之一。由于拳架过于松懈，身型不固定造成身势下压，支撑腿缺少支撑力度，弓步前腿膝盖内扣。碾转步时，腰胯扣转没有带动膝和脚同步转动，重心全部移到支撑腿时，骨架不正，造成臀部外凸，腰向里凹陷则造成臀部向后撅。

方宁先生一再强调"屁股不能掉在外面"。杨式太极拳无论重心前移还是后坐，都要求敛臀坐实在支撑腿上，腰要松沉直竖，而不能向里软塌，也不可左右摇摆。无论弓步还是坐步，脚要平松落地，实腿和虚腿的膝都要对正脚尖方向，身体要松通，骨架摆放位置合理。肩胯要保持平正，上身保持正直，这样才更有助于"腰为主宰""力由脊发"。

练习太极拳，放松是手段，松沉是过程，轻灵是目的。支撑腿缺少支撑力度，就会造成压体重，推手时，被人一按就起不来了。身型有下就要有上，身体松沉下去，尾骨前敛与脚跟相合，调整好胯根，支撑腿要稳实，虚腿要松开有上提之意，顶劲虚虚领起来。腿部呈现三角形稳定性的特点，脚跟、膝盖、尾骨这几个点上的角度固定住，在外力的作用下才会不变。做到这一点，支撑腿有了支撑力，在拳架运行中也就不会出现压体重、膝关节左右摇摆的现象，臀部就自然收得住了。

（三）步型不准

传统杨式太极拳的步型主要有弓步、虚步、马步、坐步等。步与步连接起来加上手上的动作就形成了拳架套路。"先看一步走，再看一出手"，脚为根基，脚落地的位置、步型的准确对太极拳虚实变化的灵活起着至关重要的作用，常见的问题有以下几种。

1. 步距过宽或过窄

步距过宽，尤其是"揽雀尾"和"如封似闭"的式子里面有后坐步，要控制两脚之间的横向距离不要过宽，否则后坐步时，难以坐在支撑腿上，松沉难度加大，超过自己的掌控能力，动作容易出现失控状态。步距过宽，动作吃力，会影响虚实转换的灵活性。

步距过窄，前后两脚踩在一条线上，俗称"走钢丝"。更有甚者，两脚交叉摆放，两腿夹裆，左右两侧支撑单薄，如同立不住的纸片，重心不稳。

正确的做法应该是左脚在左边，右脚在右边，就像我们平时走路一样。传统杨式太极拳在行拳中无论上步还是撤步，无论弓步还是虚步，两脚之间的横向宽度要保持一个自然裆的距离，必要时可略有调整，但是一定要保证自己重心能够稳定。

2. 弓步膝盖过脚尖

初学太极拳往往被"前腿弓，后腿蹬"的武术术语影响，弓步步型架式拉得很满，甚至前腿膝盖超过脚尖，造成前脚脚跟不实，劲力松沉不下去，重心不稳。产生这种现象的主要原因是向前弓步时，后腿用了一蹬到底的劲，把力顶在了腰胯上，劲力没有往前脚松沉，走的是往前出的劲。膝关节松不开，周身劲力就不能松沉到前脚下，接不上地力，脚下根基不牢，只能靠自己的本力支撑稳定重心。"前腿弓，后腿蹬"是武术弓步用力的方式，不是传统杨式太极拳弓步时力的传导方式。

杨澄甫先师在《太极拳体用全书》"左搂膝拗步"一节中描述腿部动作："我将身往下一沉，实力暂寄于右腿，左足即提起向前踏出一步屈膝坐实，右足亦随之伸直。"《太极拳体用全书》全篇中，凡是提到重心的移动，是用坐实在左腿（右腿），后腿伸直，或者前足变实，后足变虚来描述。全篇中除蹬脚动作外，弓步动作没有用过"蹬"这个字来描述。

传统杨式太极拳要求弓步的前脚不可超过前脚掌，最好小腿与地面垂直。太极拳重心前后移动，走的是翘翘板的劲，劲往支撑腿脚下松落，讲究一步一桩，这个桩要扎根入地，所以又叫落地生根。太极拳的松沉稳定就像大树一样，风吹树枝摇摆而树干稳定，不是一根木头单摆浮搁，一碰就倒。

重心向前移动，后腿不要用蹬劲。后脚接上地力将重心向前推动起来，前脚掌一落平就开始放松身体，一直松透到涌泉穴，俗称"涌泉穴与大地接吻"。与此同时，随着重心前移，后腿渐渐松长，尾骨前敛后胯根松开，劲力渐渐松沉到前脚下，后腿基本处于放松状态。不用蹬后腿的力，弓步前腿的膝盖就基本不会超过脚尖，保证了支撑腿的稳定，同时增加了动作转换时的灵活性。

　　太极拳有其特有的用力方式，我们在练拳过程中，一定要彻底改变常规的想法，用意不用力，从松柔入手，松开各关节，实与虚的变化渐渐进行。练拳架时弓步膝不过脚尖，力松沉在前脚，后腿不要蹬，移动重心前，虚腿一定要完全松开。如果后腿蹬劲顶在了胯上，就是一个支撑的劲，是力顶力，故脚下的力是上浮的。推手时更是如此，只有前脚踩住了，才能借地力把人发出去，有益于虚实的变化。

　　在具体练习揽雀尾前弓后坐的步法中，重心在前松后腿，重心在后松前腿，不是到位后再松，而是边移边松，尾骨前敛。这样就基本解决了弓步膝过脚尖的问题，也能练出太极拳的松沉劲。

3. 弓步后腿硬撑或疲软

　　弓步动作，后腿不用蹬劲，也不可用力撑而失去太极拳的灵活。后腿疲软、跪膝则缺少太极拳应有的弹性也是要不得的。

　　传统杨式太极拳讲究"裆下一座桥"，这个"桥"一定要有弹性，支撑要稳定，裆不圆，桩就不稳。后腿不能为了放松而疲软，产生跪膝现象，但是不可为了圆裆而把后胯根开的过大去硬撑。俗话说"裆开一线"，圆裆不是用腿硬撑出来的，而是长久练拳，周身放松，充满气感，由内而外掤出去的。手上有掤劲，腿上也要有掤劲，是一种松松的、有弹性的掤。这种掤劲上了身，既有向外的张力，也有向内的牵拉之力，由此，才可在太极万千变化中生出连绵不断的劲力，杨式太极拳圆活饱满、沉稳深厚的特点也就充分体现出来了。

4. 支撑腿膝盖内扣

　　在太极拳练习中，我们的支撑腿在弯曲、负重、扭转的情况下做伸直动作时，最容易造成膝关节损伤。支撑腿的膝关节内扣就是损伤膝关节的最大隐患，长久让支撑腿的膝关节在这种扭转承重的状态下练太极拳，好腿都练坏了，这是最应该纠正的问题。

出现支撑腿膝盖内扣的原因有以下几种：①弓步时支撑腿的胯根没有松开，膝盖没有去找脚尖。②一腿支撑，另一腿上步前，就先做转腰动作，同时支撑腿的膝盖随着转腰向内扣转，出现膝内扣现象。③实腿碾转时，扣胯扣膝而脚没跟着扣转。

膝盖在运动过程中不要偏离脚尖方向，这也是最初级的圆裆的方法。膝关节是弯曲关节，不可扭转，只要放松身体，膝盖自然对正脚尖方向，裆也就圆了。

5. 虚步前腿挺直

虚步是传统杨式太极拳里的基本步型之一。动作要求为敛臀，重心坐在支撑腿上，前腿伸出，膝关节上提，前脚跟着地，或前脚掌着地。虚步的特点仍然是圆活饱满，底盘宽厚，不可坐死，支撑腿要有弹性，虚腿不要挺直。还要注意不可夹裆，裆开一线，但也不是裆捌的越大越好。

杨澄甫先师在《太极拳体用全书》中，每每提到虚步都会强调"屈膝坐实"。

虚步前腿挺直是大忌，一旦有外力蹬踹在膝关节上，挺直的膝关节极易受伤。太极拳是技击术，练拳要有攻防意识，无论是后坐步还是虚步，前腿的膝关节都不要挺直，一定要将膝关节上提，屈伸自如，既可以对腿起到保护作用，同时又利于下一动作前进、后退的灵活变化。

（四）掌型不明

初学拳者，往往习惯用手做动作，手腕僵紧，手指僵硬，手上带着力。一旦说放松，手又疲软，手指蜷曲，这都是初学很常见的现象。

　　杨式太极拳的掌有阴阳虚实之分，掌型要有张有弛。拳势在运行过程中要腕松指柔，掌形要保持住，不可曲屈蜷缩、松软无形。手上不要带着力去练拳，也就是手的意念不宜太重。在定势时手要有型，掌根要沉，虎口呈弧形，掌心虚空，掌指与掌根要有呼应。掌型一定要规矩，出手力点要准确，手臂通道要松通，不可僵紧。

　　梳理清楚上述概念，在练拳中先从放松入手，渐渐的手上不拿劲，用腰带动身体的运行，松身、松肩、沉腕，松透到手上劳宫穴，基本能纠正掌型问题。

　　太极拳功夫提高后，推手时手上不着力，与对方接手也不是用手接，而是用腕骨以上的小臂部位去迎接对方，这个接触点不应该在手上任何部位，否则将受制。一旦接触点挨上了，才用到手，不拿不发，也就是在拿住对方了才将力发放出去，一切动态全是由内带外，手要极其灵敏。

　　太极拳"力起于脚，发于腿，主宰于腰，形于指"，练拳架不可忽略"形于指"。太极拳的手法除了掤、捋、挤、按、採、挒，还有搂、推、抱、拦、云、抹、穿、挑、托、插、分等，手腕有屈腕、坐腕、扣腕、提腕，拳的用法上有搬拳、撇拳、栽拳、打拳、贯拳等。掌运行到位，即能充分体现出太极拳的用法，初习者应逐一分清掌的用法，不可混淆。

　　比如，掌心向下按的动作，有的是指尖朝前，有的是虎口朝前，这就是搂按掌和採按掌的区别。掌心向下的按掌究竟是指尖朝前还是虎口朝前，这是以按掌的用法决定的。搂按掌是用小指侧外缘引领由搂转按，所以到位时指尖朝前，如搂膝拗步的下按掌，搂膝栽捶、搂膝指裆捶都是这样处理。白鹤亮翅的左手按掌由分转按、金鸡独立的下按掌，这些都是指尖朝前。起势的双手按掌指尖也一定是朝前的。採按掌是虎口朝前,用手的虎口带住对方的手腕向下採按,并且与前手腕相呼应。如揽雀尾左弓步掤手时的向下按掌、野马分鬃和斜飞势向下按的掌,如果这几式的下按掌指尖朝前,用法上就错了。

向上挑掌和向上托掌也是不同的。挑掌是手心向里,小臂由伸到屈向内回收,手腕微向内扣。托掌是手心斜向前,以虎口为接触点向上托起。伸出的掌形不是为了让别人看的,要随掌的用法而变化劲力,要练出拳意来,掌上就要出功夫。

(五)身法不对

拳式定势时有拗步和顺步之分。

弓步定势最有代表性的拗步动作是搂膝拗步(图149),左搂膝拗步是左脚在前的左弓步,同时右手向前推掌。另外如封似闭、拦掌进捶等也是拗步步型。拗步的要求是胸向要正对前方,两肩要平正,不可一前一后,一高一低,要保持身体的中正安舒,右手向前推掌或打拳,不可过于前贪,形成右肩往前,左肩靠后的现象;左搂膝拗步的左手下按也不可过于向后拉,那样也会造成两肩不平正。

图149　拗弓步

同理,虚步定势的高探马、白鹤亮翅、退步跨虎等,也要保持两肩平正,胸向正对前方。

野马分鬃动作是典型的顺步步型（图150），左野马分鬃是左脚在前的左弓步，同时左手分掌也在前面，既同侧的脚和手都在前面，这就是顺步。另外，单鞭、撇身捶、扇通背等也是顺步步型。顺步要求胸向要侧离正方向，后胯微开，后手下按与前实腿劲力相合。顺步步型时，胸向侧离正方向多少要根据拳式的动作要求而定。

图150　顺弓步

虚步动作的手挥琵琶、倒撵猴、提手上势、肘底看捶等也要注意胸向不要正对前方。

传统杨式太极拳在行拳中，两脚之间的横向宽度要保持一个自然裆的距离，必要时可略有调整，但是一定要保持自身重心的稳定，使自己处于不败之地。另外，顺步也不可两脚踩在一条线上。

（六）身体僵硬

身体僵硬，上身板直，胳膊腿直来直去，筋骨没有松开，带来的就是动作不灵活，上下不协调。学练太极拳，摆在我们面前的第一课就是放松。"松松松，太极功"，初学太极拳的动作，一切都要在自然的状态下进行，求的是松柔、圆活，身上的每一块肌肉、每一段骨骼都要能自如动作。正如方宁先生说的"柔和、圆活，不灵活不是太极拳"。

杨澄甫先师说过"不懂顶头悬，白练三十年"。这里指的是要明白

"顶头悬"的方法。《太极拳术十要》中要求"虚灵顶劲",不是头往上使劲顶起来,而是松肩落背,身体松沉,完成顶劲虚虚向上领起。这是腰胯放松后,肩背放松下去,脖子亮了出来,神气贯顶才能表达出来的肢体形态。如果肩背松不下去,脖子就容易僵硬。

"含胸拔背"则是蓄和发时的两个不同状态,蓄劲时引进落空,以含胸为主;发劲时气贴脊背,以拔背为主,这样上身就会自然产生变化。太极拳就是在动态中实现身体各部位阴阳相互变化,没有变化,就僵住了。如果上身挺着、板直着,或者躬着,没有蓄发的变化,身体没有节节贯穿的劲力运行,形同摆了一个挨打的架子。

弓步后腿蹬直也是身体僵硬的诱因。杨澄甫先师在《太极拳体用全书》中,凡是弓步都用"坐实在左腿或右腿,后腿伸直,或者前足变实,后足变虚"来描述。全篇中除蹬脚动作外,弓步的动作从来没用"蹬"这个字表述。传统杨式太极拳讲究"裆下一座桥",既是"桥",就要有稳定的支撑,这个撑又不能是用本力去撑,而是实腿要松沉到脚下,虚腿自然随势松开、松长。重心左右移动,先实腿脚下踩劲,将重心推动起来,只要重心移动起来就不要再用蹬劲了,要靠胯的松活变换虚实。

两臂要保持舒松,肘要圆活,既不挺直也不要出尖。手向上抬,肩要松开,劲往下落,不可以一抬手就起肩翘肘。松肩、松肩胛骨,进而胸、背都能松活,一动周身无有不动。只要腰脊一动,即可带动两臂节节贯穿地实现腰脊的开合带动手臂的开合,也就是说,脊柱两侧的背部也当作是臂的一部分参与运动,这样胸背就活了,避免了"大板腰",两个胳膊也就不会直来直去的走直劲了。

定势时脚要平松落地,两脚的脚趾、脚踝都要放松,俗称脚的涌泉穴与大地接吻,不要依靠五趾抓地来维持自己的重心。

传统杨式太极拳求的是圆活饱满,式与式之间的连接也要圆活过渡。每一式运行到终了，胳膊不要完全伸直，腿不要蹬直，劲要曲蓄有余。"屈中求直，伸缩自如"，身体松柔了，才能将拳架练圆活。什么时候感觉自己的肘、膝会自然弯曲了，拳技就上了一个层次。

（七）腰胯不松

《太极拳术十要》中的第三要是"松腰"，"腰为一身之主宰，能松腰然后两足有力，下盘稳固，虚实变化皆由腰转动。"

拳式运行到终了似停非停，这时腰一定要完全放松，完成下实上虚。如果缺少松腰的环节，上身端着劲转接下一式，整个拳架就很难松下来。如箭在弦上，拉弓放箭，总是拉着弓不放箭，这张弓没有任何用处，箭放出去了，弓也就恢复常态了。我们打拳也是这样，拳势运行到终了，劲力同时运行完成，就要松腰松身，完成下实上虚，再以下带上，引动下一式。能做到这点，就为式与式之间绵绵不断的连接打下了良好基础。

杨家老谱中的一段论述："有不得机得势处，身便散乱，其病必于腰腿间求之。"腰腿之间就是胯，腰与胯不可分割。腰需要通过胯与下肢相连，通过胯左右虚实变化的调整带动下肢运动。两胯分虚实，实腿胯要稳固，虚腿胯要松活，在渐实渐虚中完成两腿的虚实转换。腰胯不松透难以完成这种转换，上边的劲力松不下去，下边劲力传导不上来，动作运行通道堵在胯上，出现劲力失控现象，上肢下肢各忙各的不合拍。所以，松腰胯很重要。

放松腰胯的过程，宜先松腿，重心移动时松膝窝、松胯根，这两处要弯曲松开，腰胯自然就能松下去。腰胯一松，肩背顺势放下去，整个身体就放松了，所以说，腰胯松不开要先检查腿有没有放松。通道受阻，水流不畅，松不透彻，根扎不下去，成了单摆浮搁，缺少稳定性。

有的人练拳先松肩，再松腰、胯，再松膝、松脚，这种松的方法欠妥当，练很多年拳也很难松到脚下。

"揽雀尾"中反复出现前弓后坐的动作，可以用来进行放松腰胯的练习。重心在前要松开后腿，重心在后要松开前腿，移动重心时，放松的虚腿自然弯曲，一旦脚掌或脚跟贴实地面，松开腰胯，肩背顺着腰胯松开的瞬间向下松落，劲力松沉到脚下，尾骨前敛接上地力，既保证了支撑腿的沉稳，又便于下一式的松活连接。这种放松的动作意识要建立起来，通过长久练习，养成习惯。

练拳有"命门外撑"一说，此说法并不准确。太极拳是内家拳，在内是丹田，丹田运转，命门必动，腹部也会做出相应的动态，这是太极拳进入高级阶段的自然现象，不是主动的收腹、撑命门。杨式太极拳讲究松腰敛臀，只有当周身合劲时，在丹田的牵动下，命门才随之做相应的外撑动作，不可以命门外撑为主动行为，这样做的结果是本末倒置。另外，如果练拳架时无论开合都将命门外撑就失去了灵活。

辅助练习活胯的方法就是要压腿、踢腿，"光踢不压筋不开，光压不踢笨死牛"，二者缺一不可。本书中小功法里有活胯的详细练习方法，可以参考。

（八）腰身散乱

腰应该怎样转？这个问题经常会困扰初学的拳友，不知道腰什么时候需要转、什么时候需要留、腰转多大角度为合适，常常会盲目的做转腰动作，造成腰身散乱，手脚各忙各的。

"腰为主宰"是太极拳的至理名言，腰要控制住，不可妄动，要在意念的指挥下与胯和脊背联动。转腰不是扭腰，扭腰的动作是腰转而胯不动，这种转腰的方法借不上地力，还容易伤腰。

有时怕腰随意转动，将转腰说成转体，结果又会有人曲解成肩胯向同一方向同步转动，出现身体板滞的模样。

转腰是为动作服务的，比如"搂膝拗步"的左式接右式，转腰摆脚。从左弓步型开始，沉右胯活左胯，在腰胯联动下催动膝带脚外摆，脚摆到合适位置，腰就停止转动，也可以说是腰停脚停。同时两肩也会做出相应动态，从下到上，节节贯穿，该谁动谁动，不该动的不能妄动。如果摆脚时，两肩不动，骨架就会散乱。

再比如"搂膝拗步"摆脚动作完成，一腿支撑，另一腿向前上步的动作，有人脚跟一落地就转腰，把胸转向正方向，这也是腰在失控下的动作。这时的支撑腿已经处在拧转的状态下，也就是骨架已经不周正了。正确的做法应该是：上步时，胸不要正对上步方向，而要稍微侧向，在前脚脚掌落平后再渐渐做移重心转腰的搂推动作。

腰在人体正中轴线上，有时转腰的动作仅仅是调整一下胯即可实现。比如"如封似闭"式，重心后移到右腿，左手掤住，右手松肩抽回，上身将转正朝向正东，这时腰微向左转，这个转腰就只是胯做了相应的开胯调整，而不是腰有一个大的转动。这些细微之处都需要用心体会。

更多关于转腰位置、转腰时机、转腰角度的问题，根据每一式的攻防要求不同需要明师当面指教，用文字很难表述清楚。

（九）开合不知

1. 什么是开合

对于初学者来说，什么是开合？拳式的什么动作需要开或者合？怎样开怎样合？何时开何时合？如一团迷雾，模糊不清，更不用说太极拳的开中有合，合中有开了。

　　武式太极拳前辈李亦畲的《五字诀》里对开合问题讲的非常清楚："气向下沉，由两肩收于脊骨，注于腰间，此气之由上而下也，谓之'合'；由腰形于脊骨，布于两膊，施于手指，此气之由下而上也，谓之'开'。合便是收，开即是放，能懂开合，便知阴阳。"这里讲的"气"绝非呼吸之气，而是身体放松之后，在体内畅通无阻的内劲，合为内劲的蓄合，开为内劲的发放。内劲通过开合的练习逐渐趋于合理而强大起来。

　　"合便是收，开即是放"，说的是太极拳的开合动作不要与人内在的呼吸挂钩，也绝不是开合与内在的呼吸进行配合称之为"内外相合"，而是心意在外界刺激下由丹田核心部位的内动带动肢体的本能反应。而"开中有合，合中有开"完全可以从太极图中找答案，就像杨澄甫先师讲掤劲："必曰掤者。黏也非抗也。手向外掤。意欲黏回。"这个黏回的意识就已经将周身合得恰到好处。尤其是练拳架一定要守住自己的中定，在阴阳虚实变化中求平衡，则能似行云流水，连绵不断。

2. 内三合与外三合

　　练太极拳讲究"内三合，外三合"，更进一步的则是"内外相合"。
　　外三合的内容是"肩与胯合、肘与膝合、手与足合。"这是对初学拳架者身法上的要求。但是不要把这外三合认为是物理上的肩胯、肘膝、手足的上下垂直对照，而要看作是在骨架周正的状态下，保持身势不散乱，桩步稳定即可。具体在拳式动作中，手和脚怎样相合，同侧或异侧的肩和胯又怎样相合，外合时肘膝的位置运动到哪里才是合得恰到好处，这就需要有经验的老师面对面精心点拨。

　　内三合的内容是"心与意合、意与气合、气与力合"。这看不见、摸不着的"合"更为难练。当拳架练习多年后，周身松透到脚下，气血流动的速度加快，像水一样在体内畅通无阻。拳势攻防动作分明了，心意一动，引动丹田，由丹田的内动带动肢体的外动，借助地力将整劲节节贯穿地发放出去，经久练习，内劲相应而生。

到了"内外相合"的阶段，内三合与外三合已密不可分，内劲充盈，向外散发出饱满的气场，肢体上下相随、左右开合的动态相互呼应变化，达到精准的内外相合、无过不及。

每人练拳的感觉是不一样的，能做出来未必讲得清楚。学拳都是从模仿开始，从听明白到把动作练上身，需要花时间和汗水，从模仿能看到的老师身形的动态，到进一步会模仿能听到而看不到的老师内里的活动变化，真正把老师正确的体会变成自己的体会。等内外都练精了，功夫就上身了。三分练，七分悟，"学而不思则罔，思而不学则殆"。

（十）呼吸不畅

初学太极拳把注意力放在呼吸和拳势的配合上，会遇到憋气、呼吸不畅的问题。如果练拳时意识专注在呼吸上，就会觉得不知道是吸进的气没有吸够，还是呼出的气没有呼净，气涌在上，造成呼吸局促、胸闷憋气。

呼吸常见的形式有胸式呼吸、腹式呼吸和逆腹式呼吸。胸式呼吸表现以胸部活动为主，吸气时胸廓扩张，呼气时胸廓缩小。腹式呼吸表现以腹部活动为主，吸气时腹部扩大，呼气时腹部缩小。逆腹式呼吸与腹式呼吸相反，吸气时腹肌收缩，呼气时腹肌放松。

练习太极拳要采用自然呼吸，不要有意识地用强行向下压气的方法修炼气沉丹田，或者人为的制造逆腹式呼吸，也不要想呼吸怎样去配合拳势的运行。尤其是初学者更要忘记呼吸，在拳势运行中，每一式运行至终了需要沉稳，完成下实上虚，自然呼气向下松沉。而式与式之间的转换需要轻灵，运转时自然吸气向上以得虚灵，逆腹式呼吸就这样在不知不觉中自然练成，这是拳架练习正确后自然而然得到的效果。此时，仍然不要想呼吸如何配合动作，习练时几种呼吸方式会自然交替转换存在。

拳势与呼吸无关，太极拳不需要拳势和呼吸相配合。有人说到了高级阶段就需要练习这种配合，其实不然。呼吸，不是呼，就是吸，呼吸是不能同时进行的。而太极拳动作是阴阳虚实同时变化，实处渐虚，虚处渐实，一动无有不动，这样才能做到如行云流水、连绵不断。就算练习到高级阶段，也不需要动作与呼吸相配合。太极拳以"地心为第三之主宰"。周身放松，脚接地力，由内而发，向外发的同时也有收回之意。尤其是在推手时，不是以大力生打愣要，一口气呼出，再无回旋之力，而是寻找对方的缺陷并将其放大后打顺。出手机会的产生一闪即逝，所以随时都在攻防兼备状态，机会一来，迅速出击。这种快速的攻防转换，可以做到接二连三、连三接四，直到分出胜负。如果借用呼吸发力，一气呼出到底，就已经没了变化，而且，发人之时就是被打之时，因为发人时，人是一个整体力，如果没有回防之力牵带，遇劲大力足之人，力顶力的结果会一败涂地，这不是太极拳的用力方式。真正的太极拳高手在发人之时，根本不受呼吸的限制，且可发在对方一吸一呼之间。

吴图南先生颇有感慨地说："太极拳达不到高级境界，其病在于体不松而用招、招不熟而言劲、劲不懂而炼气、气不感焉得通天下。"

太极拳尚巧，发短劲，不发长劲，不使用暴力发力，发劲前要松透、松净，一发未果，立即松回。因此，太极拳练习千万不要配合呼吸，尤其对初学者。放松身体，保持自然呼吸，把关注点放在对身体动态的认知上，忘记呼吸是最好的方法。日久功成，在练拳过程中不同的呼吸方法都会在身上自然发生，练得身体气血通畅，免疫力增强，达到强身健体的作用。

（十一）眼无定向

初学拳架，顾左顾不了右，顾上顾不了下，眼更是不知看哪里。常见的问题是眼无定向，从外观上看主要表现在无意识的低头下视、眼睛频繁眨动、眼睛茫然随头转动，或眼睛向外看出去的焦点太实。

"手眼身法步，精神气力功"，太极拳是武术，武术界有"一力降十会，一巧破千斤"的说法，功力可补技法不足，步法可补功力不足，眼神则可补身法、手法之不足。深入学习太极拳，眼的修炼就变得非常重要了。杨澄甫先师讲："手动、腰动、足动，眼神亦随之动，如是方可谓之上下相随，有一不动，即散乱也。"传统杨式太极拳讲究"神宜内敛"，眼与神相连，与动作的攻防相合，眼神不是一成不变的，而是随着拳势的阴阳虚实的变化而变化，吞吐开合，这才是太极独具魅力的神韵。

一般来讲，眼神要随着手走，不是盯着手看，应该通过手的方向向远处看过去。初学拳架在定势时，眼睛看身前那只手的方向，看高的那只手的方向，看主动手的方向。手向身前出，眼要先于手向前方远处看过去，手向身侧后展，余光照应一下展出手的方向即可，头不要偏转过去。两手在动作时必有实有虚、有主有次，主动手是自己要重点关注的手。练拳要有拳意，精神、眼神无不关注于动作的攻防变化上。13式中的左顾右盼，不是左看看、右看看，而是心里有拳，含着警惕戒备之心，这样眼睛就不会随意眨动，给人空洞、茫然的感觉。练拳除了要眼观六路、耳听八方以外，还要将神意反观内视，着眼于自己肢体的屈伸，以及内劲的收放，这就是"神宜内敛"的含义。

拳架是这样，但是在推手发放时则完全不同。方宁先生真正出手时，眼睛闪出的目光是凛冽的，令人胆颤。

（十二）意断劲断

这里的意断劲断不是指拳架不熟练，边练边想，而是在拳架熟练后的意断劲断。比如定势摆姿势、式与式之间的过渡比较随意，对动作中的攻防含义不理解，做动作六神无主、上肢与下肢不合、劲力不贯通等。

太极拳之所以称之为太极拳，是因为按照太极的原理行拳，行拳中一动无有不动，攻防转换完全是在虚实变化中渐实渐虚地同时进行。这样才能做到《太极拳术十要》中的上下相随、内外相合、相连不断的要求。方宁先生说过，拳只要动作起来就磨转不停。

练太极拳是先动腰，还是先动脚或手？这个问题是困扰太极拳初学者的最基本、又非常重要的问题。杨家第四代传人杨振基先生讲过："一切动作都要靠腰带动，腰带、腰拉、腰转、腰脚手。"他是针对在练拳中只注意四肢手脚动作而忽略腰上动作的人讲的，主要是在强调腰的重要性。太极拳有其特殊的用力方式，一切都是由丹田生发，出是由内向外由腰催动从根节经中节到梢节，收也是从内开始，由腰带动收根节带中节再带梢节，次序井然。

初学者只要记住"手领、腰催、身随"，基本上能解除困惑。随着拳架熟练，手与腰的相对位置也不可忽略。出的时候手要领着向要去的地方去，如果这时手在腰的后面，手不动，腰起不到催动手的作用，腰的主宰作用也就失去了，如果靠转腰带，就会形成夹腋、拧身，这也是劲力不顺随的原因之一。收的时候，腰一定要先动起来，带着手做收的动作，如果这时腰不动而只动手，不仅影响收的速度，断劲也是必然的。

太极拳的动作阴阳合度的变化非常精准，一句话就是"挂上挡"。所谓挂挡就是腰通过胯连接下肢，腰通过脊背连接上肢，劲力由下而上节节贯穿。无论上肢还是下肢，有收必有出，左右关联，上下呼应，拳势的运行就会绵绵不断。如果做不到这些，动作就会失控，漏洞百出，必为人乘。

比如"云手三进臂上攻"。云手动作开左步，左手向上掤起，如果左手还没有掤起来就转腰移重心，势必夹左腋，左肩出现了靠劲，靠劲不是云手式里应该出现的劲力。更重要的是，云手用的是两臂交替在面前云转，护住身前，手领是用法使然。

"野马分鬃攻腋下"。野马分鬃走的是一个分挒的劲。右脚上步，重心移动前，右手要主动往上插伸到对方腋下，左手向下採按对方手腕，这时才拧身转腰往前发出挒劲。右手未掤出就转腰的动作不符合拳式的攻防要求。

"搂膝拗步斜中找"。搂膝拗步先搂后推，防在前，攻在后，打的是对方膻中穴。左脚上步，脚落地，搂手同时要探出去，沾粘对方袭来的拳脚，防止对方蹬踢膝盖，这时腰要留住，不要边上步边转腰，否则支撑腿会发生扭转，另外，在做搂和推的动作时，如果没有留腰，腰已经提前转正，没了腰的助力，只剩下手上的动作了。

太极拳的用力方式与外家拳的用力方式全然不同，这也是开启太极大门的必经之路。深入学习太极拳的动作，一定是在符合技击原理的、周身协调下的动作反应，这样才能做到意到劲到。这些腰与手、脚的协调关系，已经是根深蒂固的道理了，要悟透这些不能光靠苦练，要开心智，内心要通透。我们看到的太极图、阴阳鱼在不停的变化，此消彼长，但又都真实存在。拳练久了，体内有充盈的气感，会感觉到身体松沉之中，还有一股腾然向上的劲力。就是这种劲力，使得腰胯松活，拳架圆润，连绵不断。

（十三）盲目自满

门内有句名言"太极十年不出门"，这只是比喻学好太极拳是非常不易的事情，陈微明先生更是明确提出"故其术专气致柔，盖合于道家，非数十年功力不能用之精纯而皆宜"。有些人认为太极拳能速成，学了三五年便觉得自己什么都懂了，什么都会了，从而盲目自满起来。孰不知，路数不对、思想愚钝、惰性十足者难以学到太极真功。心不静，专从速成上下功夫，这是学习太极拳的大忌，速成只是表面现象，说太极拳能速成者，并没有真正理解太极深层次的奥秘，只是降低了太极拳"成"的标准，所以，学太极拳切忌急于求成。

太极拳之所以难练，缘于最终身体要发生质的改变，思想上的修行，身体内在质的优化都在学练太极拳过程中发生改变。想真正进得太极门，要有悟性，要有平和的心态，要懂科学，用科学的方法解读太极拳、记录太极拳。学习太极拳的过程是艰苦的，是在不断的否定之否定过程中一步步提高，我们每个人在太极拳面前永远是小学生。

太极拳是以深试浅的功夫，一层功夫一层理，只练拳架不练推手，练不出太极功夫；只练推手不练拳架，在推手中虽然赢了，未必用的就是太极功夫。何况推手只是练自己身上听劲、懂劲的功夫，练随机应变的功夫，与散手达到随心所欲的功夫还相差的很远。现在练拳与前辈练拳的环境和目的已发生了巨大的变化，很难练出杨家前辈那种功夫。将太极拳作为养生健身的手段又不失传统精髓，已成为太极爱好者一辈子的追求。

方宁先生告诫入门弟子，不要吹嘘自己的功夫，不要追求名利，要互相学习、互相促进。"拳论不是想出来的，不是读出来再做的，而是打出来再写下来的，要认真感悟、深研拳论里深层次的东西，古人拳论中每一个字都要好好去体会。打拳时感觉出来的才是真正的东西，把拳论上的论述全部做到才能算毕业"。

三、循序渐进的习练进程

杨家历来遵守"学规矩、守规矩、脱规矩、合规矩"的祖训。初学，拳架要从松慢匀稳中体会，从开展中拉开筋骨，既而松心松身，细化动作，练骨架的中正安舒，虚实合度，无过不及。最后，达到由内而外的节节贯穿，周身一家。

1. 规范动作完成对自己身体的认知

太极拳每个阶段都有不同的练习目的，阶段不同，层次不同，练的内容也不同。学习太极拳的第一阶段是初级阶段，也是练形的阶段，熟练太极拳架的阶段。杨式太极拳大架套路里面有37个不重复拳式，杨门各家编排的短套路多种多样，无论套路是什么，都是37个不重复拳式的不同组合，如果基础打不好，身形不周正，虚实分不清，动作有问题，练的套路再多，也会把毛病带到各个拳架套路里。所以起步不要贪多、求快，一式一式认真揣摩，练好一式再求一式。

初学太极拳最先感觉到的就是自己的肢体不听使唤，出脚上步，脚踩一条线还浑然不知，两手动作不能协调到位，顾了这里顾不了那里，顾了上边顾不了下边，更谈不上腰怎么转，眼睛往哪看。原以为从小就会蹦会跳会干活，一练太极拳，手脚就好像不是自己的一样。万事开头难，学习的初始阶段大家都是这样，动作不协调是非常正常的事，千万不要怕别人笑话，拒绝别人的指教。

开始学习一定要按照动作的规格标准学习太极拳套路，在套路学习的过程中练习基本功，提升对自己身体各部位的认知程度，能自主掌控身体动态。在学习过程中拳架要从开展中拉开筋骨，从松慢稳匀中去体会以下几点：

（1）注意上步之前要收敛尾骨，坐在支撑腿上，一定要感觉支撑腿稳定了再将另一条腿提起向前迈出。对上步的方向要有预判，上步就要迈出一个自然裆的宽度，落脚脚尖的朝向要准确。

（2）弓步、虚步时两脚不要踩在一条线上，不论是前进步的搂膝拗步、野马分鬃，还是后撤步的倒撵猴，上步或撤步，动作到位后，左脚在左边，右脚在右边，这是人的自然动作状态。前后两脚踩在一条线上叫"走钢丝"，左脚在右脚的右边叫"拧麻花"。太极拳的功架要做到支撑八面，脚下的稳定起至关重要的作用。

（3）腿上不要拧劲，膝正对脚尖方向。膝盖既不要扣在脚内侧，也不要歪在脚外侧。弓步时膝盖不要超过前脚掌，小腿以垂直于地面为好，脚放松，平贴地面，如果感觉脚掌力比脚跟力大就是弓过劲了。

（4）杨式太极拳套路中很少有两手同一速度向同一方向动作的式子。在练习过程中，不但两腿分虚实，两手也要分虚实，手运行的路线也很重要，一手收，另一手就要出。左右手各走各的路线，从哪里开始、到哪里结束，到位时手的高低位置、离自己身体的远近距离要尽量准确。手和脚在上下、左右动作之间都要建立关联，这些关联与腰胯、腰脊的动态密不可分。

（5）练习时全身要放松，身型一定要保持立身中正，桩步稳定，不前俯后仰、弓腰驼背。肩不要翘，肘不要抬，松肩垂肘要在整个套路里保持始终。很多老师练拳多年，身上练就收放自如的弹性，这是由内而外的身形动态，不要刻意模仿，以免东施效颦。

（6）定势一定要松沉稳定，能支撑八面。每到定势，周身要放松，下盘要稳住，上身要松开，手上不拿劲。还要检查一下步型的规格标准对不对，两手放置的位置对不对，掌型对不对，眼睛看的方向对不对，这些都需要在学习过程中逐渐地练上身。

（7）一个式子运行到终了也是下一式的开始，衔接下一式时，一定要似停非停地把底盘稳定好，稍给点时间，稳下盘、松上身，然后用下盘的实带动上肢转换下一动作。久之就能做到式式相连，达到拳式运行过程的轻灵圆活。把握好腰的动态至关重要，转腰不是扭腰，腰什么时候转、怎么转、转的角度是多少，需要反复按老师的要求对照练习。

（8）"手眼身法步，精神气力功"。眼由心生，心意一动，眼神紧跟。初学时注意三个基本关注点：身前那只手的方向；高的那只手的方向；主动手的方向。学拳日久，拳意上身，有了攻防意识，这时就要关注主动手的动态运行方向。

（9）时刻想着杨式太极拳的特点，舒展大方、圆活饱满、沉稳浑厚，这样对练拳架也大有益处。

"松松松，太极功"，学练太极拳要放松身体。松身就要先静心、松心，心放在肚子里，心松了，气不浮了，腰胯松了，肩背松了，全身也就必然松了。练太极拳从松柔入手，不用僵劲、拙劲，初学更是如此。如果练的时候哪里酸痛，哪里就是没有放松，酸痛的地方松开，不用力，就更好了。

初学就是要学拳架的规格标准，学的是规矩，一举一动都按太极拳的要求行拳。只有通过对基本的掌型、掌法、步型、步法、身型、身法勤加练习，规范基本动作完成对自己身体的认知，才能更深入地学习下去。只要坚持练习，学一日有一日的收获，渐渐自然精进，熟能生巧。如果有老师现场教学，不懂之处要及时询问，不要不好意思，不要客气，要学会思考和提问题。

在这个阶段除了注重太极拳基本功的练习，还要练抻筋拔骨的功夫，筋长一寸，力长十分，骨节松开，节节贯穿，本书第四章中介绍的太极小功法可以加入平时的练习中。肩、肘、腕、胯、膝、踝关节的松活是重点，上肢的开展和收回不得用力，曲中求直，随曲就伸。下肢要与地面接触，承载全身重量，做到"脚心涌泉穴与大地接吻"。腰、脊关节要松开，每一节都要松活，在这阶段练拳一定要注意保持骨架的周正，不要出偏差。

2. 捕捉传统杨式太极拳的风格特点

"太极拳只有一派，无二法门"。太极拳是以先贤王宗岳的《太极拳论》为指导行拳，"虽变化万端，而理为一贯"，这个理就是太极阴阳虚实变化之理，随曲就伸，无过不及。

杨式太极拳的特点是后人根据杨澄甫先师定型的杨式大架总结出来的，舒展大方、圆活饱满、沉稳浑厚，劲力节节贯穿，如行云流水、连绵不绝。

练拳架先求开展后求紧凑，所谓开展，每当行拳展臂时，要能抻拔到指尖，推掌坐腕之时，虽沉腕但整条臂膀均不得有力。行拳气达四肢，上、下肢均练出抻筋拔骨的劲，举手投足间充分体现太极拳的松柔舒展，曲中求直，意到指尖，周身松通。所谓紧凑，则是将拳架中虚实的变化协调起来，有进就有退，有收就有放，有开就有合，只要一动，周身已是攻防兼备，这是太极拳的用力方式。随着练拳的阶段不同，练习的内容也不同，从身肢运动的大圈开始，渐渐收敛到虚实变化相呼应的小圈，最后归于丹田运转动于无形的无圈。

圆活饱满是传统杨式太极拳的显著特征之一，究其根本源于掤劲。掤劲是太极拳八门劲法之一，"掤劲不丢"是练杨式太极拳应该注意的问题。掤不是顶，不可以用胳膊劲向外用力撑，而是松柔的，有弹性的掤。圆是掤劲的升华，就像充满气的气球，四面八方都有一股向外张出的撑劲。这也是一种身体放松后，气血通达全身的气感，是由内向外发散的，非常灵动的劲道。且手向外掤，肩背松开，有周身掤圆之意。

掤要圆活，还要适度，要随曲就伸地进行变化。当遇到外力时，自身产生的反应，要随外力的大小、方向的不同而变化，外力撤掉后又恢复原样。如果外力弱则掤劲放大，如果外力强则掤劲偏转，自身的动态都是源于外力加在自己身上的反应，掤就是这样的松弹劲。掤不要将力掤到对方身上，即不要和对方顶劲，所以掤要饱满，既不可瘪，又不可僵硬，掤手向外，意欲粘回，所以掤劲属于沾粘劲。

"揽雀尾"的右掤手是典型的掤的动作之一，初练时肘爱出尖，劲是直来直去的。长久练习，渐渐的能感觉到肘是会弯曲的，两臂是松圆的。手向上抬，肩向下落，肩不耸、肘不翘，随转体走出饱满的弧形。

"云手"也是尽显杨式太极拳圆活饱满特征动作之一，从面前掤起的手臂，旋臂向体侧採按，肩要松开，肘要圆，腕要沉；从体侧向下、向腹前运转的手臂，通过松腕、垂指、张肘、旋臂完成抄抱的动作，腋下虚空。左右虚实变换，肩胯该合则合，该开则开，动作沉稳浑厚，在拳势中不给对手留一分缝隙。

学习太极推手是帮助拳架进一步提高的必要手段。没有学习过推手，当有外力加在身上时，动作完全不由自己做主，这就需要有听劲的功夫，需要有顺势变化的功夫。学推手不是学怎样打人的功夫，而是学练自己身上的听劲、懂劲、化劲，是人不知我、我独知人的随机变化的功夫。初学时不用太复杂，先从定步推手（平圆、开合手、合步四正手）、活步推手（活步四正手、顺步四正手、连环步四正手）入门练习娴熟，由定步而活步，听劲灵敏，收放自如，基本能感受自己身体内部的动态。再结合拳架的练习加入攻防意识，推手时要感觉是在与对手练拳，习练经久，有了进退的分寸，拳架渐无棱角，周身就会渐渐圆活饱满起来。

沉稳浑厚也是传统杨式太极拳的显著特点之一。练拳架时，先由松柔入手，重心的移动，无论向前、向后，或是左右平移，力不是像荡船一样平行移动，而是像跷跷板一样，往实腿下沉落扎根。实腿借助地力生出弹性，虚腿则源于实腿的松沉产生向上的虚灵劲。在长期行拳走架过程中，虚腿与实腿之间建立起必然的连带关系，一步一桩，每一步稳定扎实而又灵活多变。这样练出来的拳架守住中定，支撑八面，无过不及，即使在活步推手中，稳定扎实的拳架功底也可得到较好的应用发挥。

3. 遵循拳理练出太极拳灵活特性

王宗岳《太极拳论》用简洁的语言，从太极理论、练习步骤、练习方法和注意事项等几个方面对太极拳作出了科学的界定。"易有太极，是生两仪"，易由日、月组成，月为阴，日为阳。从太极拳的角度讲，虚为阴，实为阳；合为阴，开为阳；柔为阴，刚为阳。

学习杨式太极拳就要以王宗岳《太极拳论》为指导，一动无有不动，随曲就伸，无过不及。阴阳对立统一，二者互相转化，缺一不可。方宁先生说过："学习王宗岳的《太极拳论》要一句话一句话的学，一个字一个字的体会。"他老人家一再强调"柔和圆活，不灵活不是太极拳"。灵活是太极拳的灵魂。

郝为真先生说："初练时，如身在水中，两足踏地，动作如有水之阻力。第二层，则如身在水中，两足浮起，浮游水中，能自如运动。第三层，则身体轻灵，两足如在水面上行走，临渊履冰，神气内敛，不敢有丝毫散乱。此则拳成矣。"

学习传统杨式太极拳放松是手段，松沉是过程，轻灵是目的。没有经过松沉劲的练习就学轻灵，脚下无根，这是浮。练松沉劲，要气沉丹田，虚灵顶劲，明身势身法之理。身体分出上下虚实和左右虚实，四肢上下左右相互呼应协调。由松而沉，虚实显现，劲力松落脚下、内劲积蓄丹田，使体内通道畅通，内劲充盈。由实带虚，自然生出太极的轻灵劲，继而动作流畅，步法灵活，神情专注。

拳经中论述："神气四肢，总要完整，一有不整，身必散乱，必至偏倚而不能有灵活之妙用。"练太极拳要达到"灵活之妙用"。这个阶段就要增加推手中大捋、活步打轮的练习，练习在动步状态下两人互有进退时的虚灵变化。

4. 引动丹田由内而外练就太极功夫

太极拳的高级境界是神明。杨澄甫先师云："太极拳皆是圆圈组成，全体无招架，无招式之拳术。只是立圆，平圆，斜圆，无数手足腰之圆圈。在旋转至登峰造极时，会令敌人无法进入，形容稍夸张是泼水不入。感觉练至敏锐处，敌人心意一动，即被抛出，是为神明。"由此可见，达此境界形意气神相合，体内内气运转，乱环丛生，功臻化境。心静体松，性情平和，功深至此却深藏不露。达此太极功夫者凤毛麟角。

李雅轩前辈有句话说的非常精典："杨家拳是无形的东西，是神气意思上的功夫，也是玲珑透体的功夫，这才是最上乘。"

传统杨式太极拳，一动无有不动，动就在不断的进行虚实变化，左右虚实、上下虚实、前后虚实无不合度。就像太极图一样，有序进行变化。上不能脱离下，左不能脱离右，节节贯穿，这些都离不开丹田引动的，由内动带外动。

太极拳是内家拳，在内是丹田，丹田运转，命门必动，腹部同时做出相应的动态。丹田的动是在外界的刺激、无形的压迫下，由意导入引发，将劲道灌入命门，由腰胯、脊背牵动四肢，协调运动。这是太极拳进入高级阶段的自然现象，不是靠主动的收腹、撑命门练得出来的。如果练太极拳多年，丹田没有引动，自身没有散发出浑圆的由内生发的掤劲，只能说还处在模仿阶段的比划拳架。这种周身通透、由内而外散发出的浑圆气感，虚实的变化在内而不在外，劲转换不留痕迹，如行云流水，连绵不断，形随意动，步随身换。推手时柔中寓刚，以意领先，粘连贴随，无过不及，游刃有余，达到"人不知我，我独知人"的境地。

太极拳是智慧拳，练肢体的协调，练内心对身体动态支配的感觉，三分练七分悟，不要追求速成，要循序渐进，逐步提高。

第四章　太极小功法

太极拳是开合、虚实、松紧、收放、蓄发，以及节节贯穿的整体劲力，太极功法必然要依照太极特性进行这些方面的练习。这些练习包括肩胯的松活、腰弓的弹性、身体的松沉、虚实的转换、周身的合度，还需要进行腿功、桩功等各种练习，这些都是拳架中必备的基本要求。练松就要松柔松透，松而不懈，柔若无骨；练紧就要稳固坚刚，紧而不僵，绵里藏针。周身要有弹性，要协调圆活自如，运用时的松紧变化忽隐忽现，随曲就伸、随心所欲。

我的师父方宁先生说过："练太极拳就要出太极功夫。"太极门各家都有多种不同的练习方法，本章仅介绍简单几种，这些练习方法可合练，也可单练，科学合理地训练，循序渐进地增长功夫是学好拳架的必要手段。

一、松肩

太极拳对肩背的松活有极高的要求，《太极拳术十要》中说"沉肩坠肘"，初学太极拳往往觉得肩背不会动，只要举手抬胳膊，肩就跟着往上起。行内人说松身最难松的是肩胛骨，如果肩胛骨不松活，背部肌肉就不能很好地参与到动作中，出现类似胳膊长死在肩上的状态，继而劲力通道被阻碍。

松肩小功法转的是肩轴，练的不仅仅是简单的活动肩关节的动作，还包括开胸含胸时胸、背部肌肉群的拉伸以及对心肌、呼吸方面的锻炼。尤其是拉肩胛动作，通过对肩关节和周围韧带的锻炼，增大肩背的活动范围，让肩背上的肌肉群松活起来，使两手臂的劲力连通起来，实现上肢的左右传导，是一个既简单又实用的小功法。

1. 向后绕转

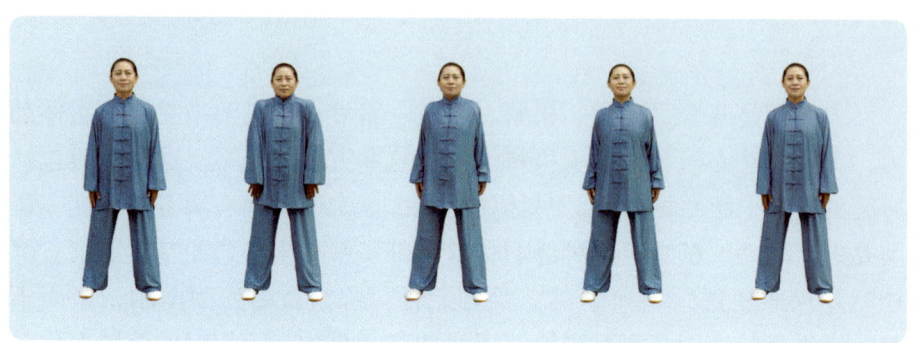

（1）两脚平行开立，身体自然正直站立，两臂垂于体侧。（图151）

（2）两肩向前扣合。（图152）

（3）两肩向上提起。（图153）

图151

图152

图153

（4）两肩向后绕转。（图154）

（5）两肩下落恢复预备势状态。（图155）

图154　　　　　　　　　图155

重复图152～图155动作，反复练习。

2. 向前绕转

向前绕转的动作与向后绕转的动作相反，动作顺序为两肩先向后开，再向上提起、向前绕转扣合，然后两肩下落还原，反复练习。

3. 拉肩胛

两肩向两侧打开，松开两臂，两手在背后拉住，做两肩向后绕转的动作。由前合向上提、向后绕转、往下落，此时两手在背后拉住，向下抻拉伸直两臂，收紧肩胛骨；颈部松竖，百会上领，手向后向下拉住保持几分钟，然后松开手，使肩背恢复自然状态。这样长久练习，肩胛骨渐渐松活，背部肌肉动态可控，还可改善过分扣肩含胸、驼背及向前探头的现象。（图156）

图156

【松肩动作要点】

（1）练习松肩动作可以增加肩关节韧带的松展性和柔韧性。做这个动作时，身形要保持中正，速度宜慢。整套动作过程做的是肩关节转动的动作，尤其当上提时不要整个身体跟着往上提，否则起不到活肩的作用。

（2）无论正、反方向，肩部上提时吸气，肩部下降时呼气，呼和吸要深长。

（3）通过练习松肩小功法，除了锻炼了肩部的松活，在动作过程中，由于深呼吸，胸腹部各相关肌肉、内脏也得到较大幅度的运动。同时呼吸频率放慢，胸廓张开，吸入更多氧气，有助于放松和扩张血管，增加肺活量。

二、活胯

胯是人体髋关节，练习拳架，两肩两胯要平正，不可凸臀扭胯造成骨架不周正。但是胯不是死的，要随着两腿左右虚实的变化动起来。上步时，实腿的胯要稳实，虚腿的胯要松活；实腿碾转时，虚腿的胯要沉，实腿的胯要提。简而言之，哪条腿动，哪边的胯就要活。内在的劲力就像有水在身体里流动，不断变化，虚实互根才能灵活，并具备了"迈步如猫行"的条件。

1. 正向动作

（1）两脚开步站立，外侧与肩同宽，两臂自然垂落体侧。（图157）

（2）身体左转，重心微右移，屈右腿，左腿松长。面朝东偏南方向。（图158）

（3）屈左腿，重心左移，右腿松长；两臂自然下垂，左手置于左胯后侧，右手置于右胯前，两手自然松开；头颈正直，目视前方。（图159）

图157　　　　　　图158　　　　　　图159

（4）左胯沉稳，右胯松活。身势右转，右脚脚跟渐渐离开地面；同时，随转体左手在身后顺左腿向下引领，左肩向下松沉，右肩向上提起，两手似提重物，后面往下放，前面往上提，左胯要稳定，右胯灵活转动，以放带提。（图160）

（5）身势继续右转，身体渐渐松开，松腰胯、松肩、垂臂，右脚脚跟渐渐落平，调整骨架平正；面朝西偏南方向。（图161）

（6）屈右腿，重心右移，左腿松长；两臂自然松垂；面朝西

偏南方向。（图162）

（7）右胯沉稳，左胯松活。身势左转，左脚脚跟渐渐离开地面；同时，随转体右手在身后顺右腿向下引领，右肩向下松沉，左肩向上提起，两手似提重物，后面往下放，前面往上提，右胯要稳定，左胯灵活转动，以放带提。（图163）

图160

图161

图162

图163

（8）身势继续左转，身体渐渐松开，松腰胯、松肩、垂臂，左脚脚跟渐渐落平，调整骨架平正。面朝东偏南方向。（图164）

（9）屈左腿，重心左移，右腿松长；两臂自然松垂。面朝东偏南方向。（图165）

图164　　　　　　　　　　图165

重复图160～图165动作，反复练习。

2. 反向动作

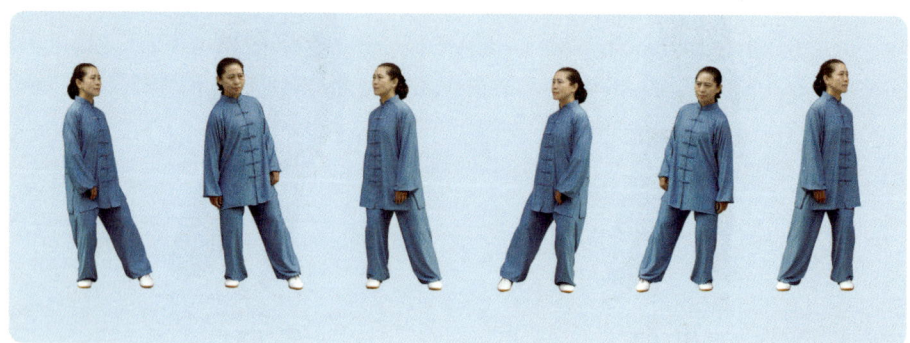

（1）由图165开始，屈右腿，重心右移，左腿松长；两臂自然下垂，左手置于左胯后侧，右手置于右胯前，两手自然松开。面朝东偏南方向，头颈正直，目视前方。（图166）

（2）右胯沉稳，左胯松活。身势右转，左脚跟渐渐离开地面；同时，随转体右手在身前顺右腿向下引领，右肩向下松沉，左肩向上提起，两手似提重物，前面往下放，后面往上提，右胯要稳定，左胯灵活转动，以放带提。（图167）

（3）身势继续右转，身体渐渐松开，松腰胯、松肩、垂臂，左脚脚跟渐渐落平，调整骨架平正；面朝西偏南方向。（图168）

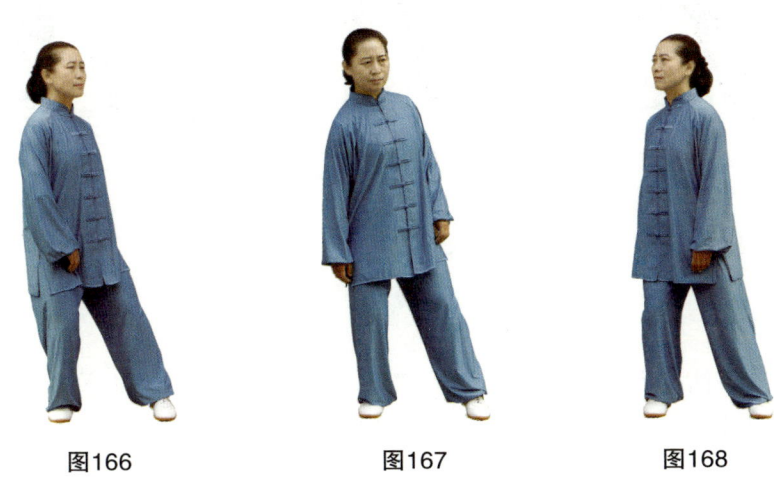

图166　　　　　　　图167　　　　　　　图168

（4）屈左腿，重心左移，右腿松长；两臂自然下垂。面朝西偏南方向。（图169）

（5）左胯沉稳，右胯松活。身势左转，右脚跟渐渐离开地面；同时，随转体左手在身前顺左腿向下引领，左肩向下松沉，右肩向上提起，两手似提重物，前面往下放，后面往上提，左胯要稳定，右胯灵活

转动,以放带提。(图170)

(6)身势继续左转,身体渐渐松开,松腰胯、松肩、垂臂,右脚脚跟渐渐落平,调整骨架平正。面朝东偏南方向。(图171)

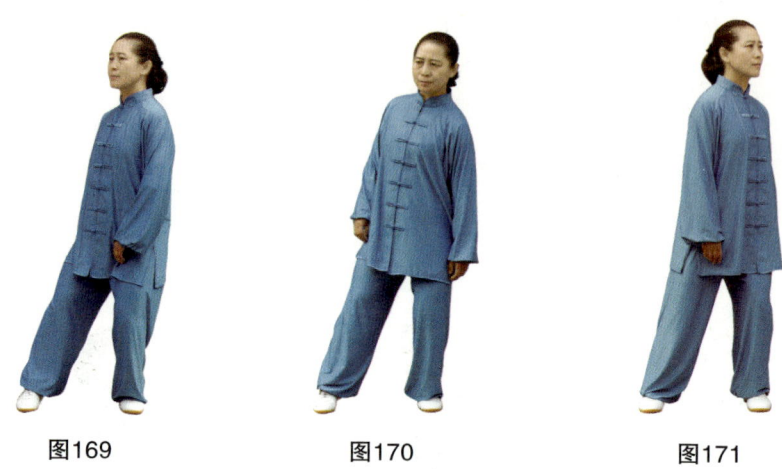

图169　　　　　图170　　　　　图171

重复图166～图171动作,反复练习。

【活胯动作要点】

(1)活胯包括练活肩、肘、腕、胯、膝、踝各大小关节,俗称"身上安轮",肩、胯为四个大轮,肘、腕、膝、踝为八个小轮。练功时注意保持头、颈、脊柱中正,目视前方。肩、胯关节转动时要相互关联,该稳的要稳,该活的要活。但是要注意膝关节是弯曲的,实腿的膝关节不可随意扭转,尤其要注意做转体动作时膝要对正脚尖方向。身体转动时,活的是虚腿的胯,不要将力扭转在支撑腿的膝关节上。

(2)先移重心后转体,重心左右移动,尾骨找脚跟,找到支撑轴,将劲力松落在脚下,在实腿支撑轴上做转体动作。体重不要压实在实腿上,虚腿的脚跟可随转体虚离地面,实腿要稳定、虚腿要松活。

(3)保持自然呼吸。

（4）做正向动作（图160）时，后手下放，前手上提，此为两肩背之间的传导，提和放的动作要在肩胯的转动中协调、合度，不可各动各的。同时无论重心在哪一侧，要以实带虚，实腿要沉稳，要有弹性，胯向上向后绕。反向动作时，随转体，提的一侧胯要松活，胯向上向前合。

（5）长练此功法可外通"六关"（即肩、肘、腕、胯、膝、踝），内练五脏又称练"内五行"（即心、肝、脾、肺、肾），可促进气血流通，对关节痹痛、腰背酸痛有防治作用。通过腰部及各大关节的转动，各内脏器官也得到相应的牵动和按摩。

三、松身

练拳时总有一手在身前或面前运动，初学拳架，整个身体松不下去，身体板滞，虚实不分，一举手，肩肘就上抬，气往上涌，力往上努，脚下无根。

这个松身的动作在外形上是以肩为轴，整个手臂向前或向后摇转。实际上，在上举或下落手臂的同时，劲力顺着肩向下，通过松开的周身分别将劲力徐徐松落到前或后支撑腿的脚下。坚持练习松身小功法，结合套路练习，可达到太极拳上虚下实、周身松柔、运转轻灵的要求。

1. 向后绕臂

（1）右脚向右前方迈出一步，重心在左腿；右臂垂在体侧，手指自然放松；左手外劳宫贴在左后腰眼上；身体放松，头颈自然正直，目视前方。（图172）

（2）重心向前移动成右弓步；同时，右手向前伸出，手心斜向上。（图173）

（3）右臂向上伸举，边上举，右腿边松膝、松胯，把劲力松落到前脚下，肩背也同时松落；尾骨找脚跟，稳定右支撑腿，松活左胯根，左腿松长，做好转体准备。（图174）

图172　　　　图173　　　　图174

（4）身势右转，右臂内旋，渐渐转手心向外。（图175）

（5）屈左腿，重心后移，右臂以肩为轴向后下方绕环，手背斜朝上。（图176）

（6）重心继续后移，尾骨找脚跟，稳定左支撑腿，松活右胯根，右腿松长。同时，身体左转，右手臂外旋向下划弧，垂落在体侧。身体转正时，松腰，肩背同时松开，回到预备姿势状态。（图177）

图175　　　　　　　图176　　　　　　　图177

重复图173～图177动作，反复练习。

2. 向前绕臂

（1）从图177动作衔接。重心向前移动成右弓步；同时，右手向前伸出，内旋手臂，右手心翻转向下。（图178）

（2）右臂自然向下垂落在体侧；同时，稳定右支撑腿，左腿松长，做好转体准备。（图179）

（3）重心保持在前腿不变，身势右转，边右转边松身，劲力松落前脚下，松肩垂臂，右臂在体侧微外旋，手心向前。（图180）

图178　　　　　　图179　　　　　　图180

（4）屈左腿，重心后移，随即身势继续右转。右臂外旋，以肩为轴，手向后上方划弧斜举，手心斜朝上。（图181）

（5）身势左转，右手自然上举，边举边松肩松身，渐渐将劲力松落在后脚下，身势调整顺随。（图182）

（6）重心前移成右弓步，右手向前下方划弧，掌心向下。（图183）

第四章　太极小功法

图181　　　　　图182　　　　　图183

重复图179～图183动作，反复练习。

练完右侧动作之后收回右脚，换左脚在前，练习左侧动作，动作与右侧相同，左右相反。

【松身动作要点】

（1）两脚前后距离不要太远。

（2）注意"先移重心，后转体"，转体动作要在弓步或后坐步时转动，不要边移重心边转体，转体时注意两胯的松活变化。

（3）此功法练习时，手臂要曲中求直，以肩为轴，手臂上举绕环旋转，臂尽量靠近头部，手绕大圈。体会在手臂上举时，边举臂转体边将内劲松到脚下，完成下实上虚的状态要求。

松身练习的要点是举臂松身，同时结合重心的移动，左右虚实变化时两胯松活，不着痕迹。太极拳架圆活饱满，处处体现掤劲，初学拳架，几乎抬手就起肩翘肘。经常练习松身小功法，可打通身体通道，以达到抬手时劲力往下松落、松肩垂肘的要求。

（4）常练此功，可疏通手三阴、手三阳经络，对肩周炎、肩袖损伤等肩部疾患有预防作用。

四、转换虚实

1. 右转平抹

（1）右脚向前跨出一步，重心在左腿。同时，左手背在身后，外劳宫对着左腰眼；右手自然下垂在体侧。（图184）

（2）身势左转，重心前移成右弓步；同时，右手掌心朝下松腕展指，经腹前向左前方划平圆，高与腰平；左手在身后位置不变。（图185）

图184

图185

（3）重心保持在前腿，身势右转，同时右手掌心朝下向右前方弧形平抹。（图186）

图186

（4）重心后移成后坐步。同时，右臂屈收，右手弧形平抹到右胯前。（图187）

（5）重心保持在后腿，身势左转，同时，右手经腹前向左平抹到身体左侧。（图188）

图187

图188

（6）重心前移成右弓步。右手渐渐伸展向左前方划平圆，高与腰平；左手在身后位置不变。（图189）

重复图186～图189动作，反复练习。

图189

2. 左转回搂

（1）右脚向前跨出一步，重心在左腿。同时，左手置于左腹前，掌心朝内，指尖朝右；右手自然下垂在体侧。（图190）

（2）重心前移成右弓步；同时，右手掌心斜朝内松腕展指，从体侧向右前划弧，高与腰平；左手掌心朝内，在腹前位置不变。（图191）

图190　　　　　　　　　　图191

（3）身势左转，重心保持在右腿；同时，右手继续划弧到左前方。掌心朝内。（图192）

（4）重心后移到左腿。同时，左手外旋转手心朝上；右臂渐渐内旋，右手屈臂由左前方划弧收回，手心翻转朝下置于左手心上。（图193）

（5）身势右转；右手渐渐外旋，屈臂收至右胯外侧，随之右臂松垂；左手内旋置于左腹前，掌心向内。（图194）

图192

图193

图194

重复图191~图194动作，反复练习。

右脚在前的动作做完后，换左脚在前，练习左侧动作，与前述动作相同，左右相反。

【转换虚实动作要点】

（1）身体放松，底盘稳实，上身松活。

（2）重心前后移动时要将内劲松落到实腿脚下，全由脚下发动，腰胯带动。转体动作要在实腿的支撑轴上完成。动作熟练后，随重心的移动和身体的转动，脚下劲力可在脚趾、脚跟、脚掌的内外缘移动。

（3）手臂要放松，手上动作可大可小，以手划大圆时要平稳，手的高度可与腹平，也可与腰平；也可以将双手置于背后，以练下盘虚实转换为主。

（4）练习本功有启动带脉、平肝顺气和平衡阴阳的作用。

五、腿功

拳论云："其根在脚，发于腿，主宰于腰，形于手指。"腿是全身的根基，太极拳的腿功练习相当重要。杨式太极拳对腿功的要求比较高，传统杨式大架套路中，包括蹬脚、分脚、金鸡独立、十字摆莲脚和双摆莲脚，共11次独立起腿。而看不见的起腿动作如退步跨虎、白鹤亮翅、玉女穿梭等，都隐含着脚下点、踢、蹬、踹的动作。虽然本书介绍的简易13式套路中没有蹬脚、摆莲等动作，但是想对腿有独立稳定性的要求，在学套路之余拿出时间练习腿功，对太极拳进阶学习是非常有益的。常年坚持练习可以增强腿的柔韧性、灵活性，以及由内力带出的速度，做到收发自如。

老辈人讲"只压不踢笨死牛，只踢不压筋不开"，腿功练习包括压、耗、遛、悬，这些都是武术中腿的基本功。

（一）压腿

压腿有正压腿、侧压腿、蹲压腿、扳腿，且分高压、中压和低压。

1. 正压腿

一腿独立，脚尖朝前，另一腿提起，脚跟放在适当高度的物体上，基本在腰的高度上。腿尖上翘回勾，两臂屈肘，手按在膝盖处，将身体放松前俯下压，胯根向后回抽，用腹部贴大腿，胸部贴小腿，脊椎骨一节节拉长，随即用下颌去够脚尖（也可用同侧或异侧肘尖去够脚尖），然后还原。左右腿交替练习。

低压是支撑腿屈膝全蹲，将另一腿脚跟着地压，高压是将脚放在肩以上的高度压。

2. 侧压腿

身体侧对物体或横杠，将一条腿置于物体或横杠上，身体向高腿方向侧弯，尽量贴于高腿上。另一侧的手臂抬起，向高腿的脚尖伸够，然后还原。左右腿交替练习。

3. 蹲压腿

双脚与肩宽平行开立，屈膝下蹲，大腿贴于小腿上，双手扶膝，上体保持正直。

4. 扳腿

一腿独立，一腿屈膝上提，同侧的手环抱住小腿，另一手握脚上扳，将大腿面贴住胸部。左右交替练习。

注意： 压腿时要注意节奏和腿的弹性，力度过强容易把腿压伤，力度过轻起不到拉伸作用。

（二）耗腿

耗是耗身形和腿法，目的是持续拉长肌肉和韧带。严格按压腿时的身形和腿法规定的要求将腿下压后，用身体控制压住，耗一段时间，同时也是为固定身形姿势。耗腿时和耗腿后韧带有一定的痛感,以休息一天后第二天能恢复为好,坚持循序渐进的原则。

(三)遛腿

"打拳不遛腿,到老冒失鬼",遛腿就是走直趟踢腿。包括正踢、侧踢、外摆、里合、单拍脚和双摆莲脚。

1. 正踢腿

踢出腿的胯根回抽,脚尖回勾,双膝关节伸直上踢脑门或双眼中间、鼻尖、嘴、下颌,以能踢到下颌为最佳。

2. 侧踢腿

侧身勾脚上踢,双膝关节伸直,上身不要侧弯,踢的高度以过脑顶最佳。

3. 外摆腿

外摆腿从异侧起,腿经过面前向同侧摆落,以同侧手拍击脚背,注意双膝关节伸直。

4. 里合腿

里合腿从同侧起,脚经过面前向异侧合落,以异侧手拍击脚内侧,注意双膝关节伸直。

注意:遛腿练习时,要求勾起抿落、快起慢落,落腿宜轻,不以声响造势。外摆腿和里合腿都要求脚走弧形,腿出扇面,顺势开合摆动,不起强劲,两臂自然放松,不要硬撑。练习太极拳的腿功都要以腰胯带动,以心意的开合、蓄发引导出腿功的力度,不发长劲,用短劲,以脚踢打为主,手迎击为辅,练习时注意抽胯根。

(四)悬腿

悬腿就是控腿。一腿独立,一腿屈膝上提,勾脚将小腿上起蹬出或分出,在一定时间内保持姿势不变,两腿交替练习。

另外，在传统杨式太极拳108式大架长套路中，还会涉及分脚、蹬脚、摆莲脚，以及独立等腿法，这里就不一一介绍了。

六、桩功

在传统武术中，桩功具有很重要的地位，通过修炼体能和培养意念达到内强外壮的目的。老辈人讲的站桩是要站在桩子上练，不在桩上练的叫扎马步，最吃功夫的是扎四平马步桩，两脚之间距离三脚长，马步扎下去要求顶平、肩平、腿平、心平。目前太极门内常见的桩功有定步桩和活步桩，定步桩又分无极桩、浑圆桩、虚步桩、伏虎桩等；活步桩就是盘拳架。各门各派都有不同形式的站桩练法和规矩，但无外都是以摆正骨架，调理气血，站出松沉饱满的气势，练出整体合一的内功内劲为目的。

（一）定步桩

仅以浑圆桩为例。

身体自然站立，头正直，百会虚灵，下颌微内收；两脚平行，脚外侧与肩同宽，脚尖向前，全脚掌放松着地；双手自然下垂，眼目视前方（或可闭目垂帘）。

屈膝松腿、松腰垂臀、松肩垂肘，周身松开，既而敛臀似坐高凳，同时双手自然抬起呈抱球状，掤于胸前，掌心向内微含，十指自然分开，拇指微扣，两手指尖相距一拳的距离，肘要低于腕。（图195）

图195　浑圆桩

站桩时间一般半小时左右即可。做到身心放松，呼吸自然。并时常体会酸痛部位是否放松、身姿有否变形，并做适当调整。收功时自然放松直立，心神、意气归于自然。

经常练习站桩可以拉伸全身筋骨，增强脊椎的柔韧性，养护膝关节、调和人体经络气血，增强身心健康。一般养生站桩无须意守，可听音乐、看电视，主要是调理呼吸、身形与精神，让身体保持一个最佳状态。以修炼武功为目的站桩，炼神炼形，神形合一，需要更多的内容和要求配合修炼。

对于站桩的环境，室内站桩不要开风扇和开空调，室外站桩要选择背风处，恶劣天气不要站桩。心情不畅、身体不适时不要站桩。

（二）活步桩

传统杨式太极拳更注重练活步桩，从行拳走架中练出动静开合纯粹的太极功夫。拳架是学练太极拳的基础，无论练基础架、功力架还是技击架，都要从一式一式中认真揣摩。

杨澄甫先师在《太极拳之练习谈》中提到："两腿宜分虚实，起落犹似猫行。体重移于左者，则左实，而右脚谓之虚；移于右者，则右实，而左脚谓之虚。所谓虚者，非空，其势仍未断，而留有伸缩变化之余意存焉。所谓实者，确实而已，非用劲过分，用力过猛之谓。"

练习拳架无论前进步、后撤步还是平行步，都是在动态中渐实渐虚的变化，虚实互根，每迈出一步都有着牵一发而动全身的变化，实腿实得沉实，虚腿虚得虚灵，因为沉实才有了虚灵。太极拳架中左右虚实不断变化，步中有桩，桩中有步，一步一桩，步桩合一，在练拳架中打桩、扎根。照而行之，久练自能得到既松沉又虚灵的太极功夫。

深入研究太极拳，要分清重心和虚实在概念上的区别，即前后重心位置的分布有时候不完全等于虚实的分布，这就是外在和内在的区别。在太极拳运动过程中，不仅两腿分虚实、两手分虚实，还要上下分虚实、左右分虚实、前后分虚实，思想意识也要分出虚实。盘架子时要用心体悟身体的每一分微妙变化，劲力的走向，攻防的转换。尤其是还要做到相连不断，一式之终点即下一式之起点，旧力未去、新力已生，体内虚实变化的契机永无停顿。从起势到收势，只要由无极进入太极状态就要"磨转不停"，这是方宁师父一再告诫我的。"用意不用力，自始至终，绵绵不断，周而复始，循环无穷"。这就是盘拳架、练活步桩的真正意义所在。

"神融全形，融深融透"，这是廖语兵先生对站桩练习状态的精辟解读。无论是定步桩还是活步桩，练习时要得最高效率，必将神、意、气结合起来，有这八个字做参照，放松身心，一步步由外练而内练，既而行走坐卧无处不练，渐入太极佳境，逐步达到炉火纯青之态。

第五章　运动保护

传统杨式太极拳式与式之间的转换多以实腿碾转衔接，初学太极拳，由于不正确的姿势以及不正确的练拳方法很容易导致膝关节受损，甚至发生不可逆的损伤。膝关节是有寿命的，练习太极拳更要注意保护膝关节。

膝关节是屈伸关节，限于它的结构，膝内屈度（小腿向大腿方向的弯曲）135°～170°，不能向前弯曲（不能倒弯）。膝关节也不可任意扭转，转动范围极小，其左右摆扣旋转要依赖于髋关节的活动而随之。太极拳运动中，膝关节常见的损伤主要是半月板损伤和髌骨软骨软化症。

膝关节半月板损伤也叫半月软骨损伤，是由于膝关节在弯曲状态下拧转时突然伸直，此时半月板正好位于股骨、胫骨内外侧踝的凸起部位间，易受挤压而损伤；当膝外翻或内翻时，增加了一侧半月板和关节面的压力，提高了磨损和撕裂的机率。半月板损伤表现为运动时出现疼痛、弹响和交锁感。

髌骨软骨软化症是指髌骨软骨面因长期用力、快速屈伸等，增加了髌骨关节的磨损程度，从而形成髌骨关节的骨关节病。常见屈伸膝关节的异常弹响，很多人还会伴有膝关节的疼痛、酸胀等不适感。

根据膝关节疼痛部位不同可以初步判断病症，以便及早就医诊治。如前方疼痛为髌骨软化、滑囊炎、关节炎；后方疼痛为腘窝囊肿、骨关节炎；两侧疼痛为半月板损伤、侧副韧带撕裂、关节炎；上方疼痛为股四头肌腱损伤、关节肿胀；下方疼痛为胫骨结节骨骺炎。

练习太极拳时应注意以下几点：

（1）先热身再练拳。练拳前做好准备活动，压腿、踢腿、松肩、揉膝，使膝关节处于最佳的生理活动状态，充分将周身各关节活动开，消除关节的僵劲、拙劲。

（2）初学者和中老年人拳架不宜过低，不要将低功架做为追求的目标。人的关节就像一部新的汽车一样，需要有一个磨合期才能运动得以灵活顺畅。太极拳半屈蹲动作对初学拳者是难以承受的，初练时，承重腿屈膝至大腿与小腿的夹角在135°左右为宜。通过经常开胯、活肩，令各关节圆周运动和升降运动的活动范围增大，使"死"关节逐渐灵活起来，提高关节周围的肌肉力量，使肌腱和韧带增粗，关节面增厚，加大关节的稳固性。

（3）太极拳的练习方法一定要正确。正弓步时首先前腿脚尖要找好正方向，膝盖对正脚尖方向，膝不要里扣外摆；小腿与地面垂直为好，不要刻意前弓以膝盖找脚尖，更不要弓步时膝盖超过脚尖。尤其是一腿支撑体重，另一腿上步时，支撑腿的膝盖不要内扣到脚内侧，尾骨不要在上步前就先行对正上步的方向，这样会导致支撑腿在拧转的状态下承压，长此以往会严重损伤半月板。

（4）杨式太极拳实腿碾转时，重心微向后移，脚掌要虚。虚腿的胯要沉稳，实腿的胯要松活，以脚跟为轴，劲力向上虚灵（目的是在碾转过程中不要将体重压在实腿上），以腰胯带动膝盖稳稳地领住脚尖碾转，在碾转过程中，膝盖与脚尖始终是在同一方向上。

（5）练拳时周身要放松。松则灵，灵则活，这与柔软的绳索可以拧成麻花，而钢筋则难以扭转是一个道理。在摆脚转体过程中，前脚掌一落，后脚跟即抬，将拧劲消除在脚底与地面之中。练习太极拳宜松慢稳匀，要避免突然加速、快速屈伸膝关节等动作，减少膝关节损伤机率。太极拳松沉而轻灵，但松沉不是压体重，不要在练拳时将体重压在支撑腿上。练习时要多向有经验的老师请教，及时纠正错误动作。

（6）人有个体差异，有的人骨骼健壮，而有的人骨质疏松，随着年龄的增长差异更大。练太极拳要选择适合自己的套路去练，同时还要注意不要过量，在练习方法正确的前提下，刚开始练习时会出现腿部酸疼的现象，一般一星期左右即可好转。坚持一段时间后，以每天练习完休息一夜，第二天不觉疲劳、精神舒爽最佳。另外，年纪大的拳友每周要休息一到两天。

（7）注意膝部的保暖。练拳全身关节都活动开了，毛孔舒张，此时最忌着凉，千万不要席地而坐，尤其忌往水泥地上坐，胯、膝、腰、腿更极易受寒。可原地慢慢溜达一下，实在觉得累了就回家休息。不要过早脱掉冬装，更不要在潮湿阴冷的环境下练拳。盐袋热敷、热水泡脚都可以达到扩张血管、改善局部血液循环、促进局部代谢的作用。

（8）练完拳后应适当的拍打、放松。按摩膝关节，左右揉动，或五指钳住髌骨往上提拉，左右转动，或向下用五指按压髌骨四周的穴位，沿髌骨外侧上下搓动。并拍打周身，弹踢小腿，放松全身。

（9）可以在不负重条件下进行一些简单易行的动作。如平躺在床上主动屈伸膝关节（空蹬骑自行车的动作），坚持每天早、晚各一次，每次10分钟。充分活动关节可使髌骨关节面各个部分都受到刺激，令营养成分能均匀渗透到软组织中去，增强关节的润滑作用。又如直身跪坐，每天早晚，两膝跪在垫上，腰保持直立状态在垫上跪行，能够在一定程度上缓解膝关节炎的症状，达到养护作用。

(10)平时多吃含维生素、蛋白质的食物，如水果、青菜、肉类、海鲜等。必要时可以遵照医嘱口服一些保健药物。

只要长期坚持按正确的方法练太极拳，日积月累，膝关节周围的肌肉、韧带会越来越强健，它们会有力的包裹在膝关节周围，在你运动时对膝关节起到良好的保护作用。

最后一点，太极拳在练习时，哪里酸痛就说明哪里没有放松，如果是腿部肌肉酸痛，不是因为以前练的少，就是练时未放松；如果是膝关节疼痛，要分清是肌肉疼还是关节疼，另外要查明是否为旧疾复发。是否是练习方法有问题。如果长时间的疼痛且伴有肿胀，则应及早就医，千万不要耽误，以免造成终身遗憾。在确诊只是软组织损伤时，要积极配合治疗，治疗期间，尽量保持休息。如果一定要练习，活动时要戴上护膝加以保护，但不活动时要摘掉护膝，保持血液正常流通。

第六章 太极拳经论精选

一、王宗岳《太极拳论》

太极者，无极而生，动静之机，阴阳之母也。动之则分，静之则合。无过不及，随曲就伸。人刚我柔谓之"走"，我顺人背谓之"粘"。动急则急应，动缓则缓随。虽变化万端，而理为一贯。由着熟而渐悟懂劲，由懂劲而阶及神明。然非用力之久，不能豁然贯通焉！

虚领顶劲，气沉丹田，不偏不倚，忽隐忽现。左重则左虚，右重则右杳。仰之则弥高，俯之则弥深。进之则愈长，退之则愈促。一羽不能加，蝇虫不能落。人不知我，我独知人。英雄所向无敌，盖皆由此而及也！

斯技旁门甚多，虽势有区别，概不外壮欺弱，慢让快耳！有力打无力，手慢让手快，是皆先天自然之能，非关学力而有为也！察'四两拨千斤'之句，显非力胜；观耄耋能御众之形，快何能为？！

立如平准，活似车轮。偏沉则随，双重则滞。每见数年纯功，不能运化者，率皆自为人制，双重之病未悟耳！

欲避此病，须知阴阳：粘即是走，走即是粘；阴不离阳，阳不离阴；阴阳相济，方为懂劲。懂劲后愈练愈精，默识揣摩，渐至从心所欲。

本是"舍己从人"，多误"舍近求远"。所谓"差之毫厘，谬之千里"，学者不可不详辨焉！是为论。

二、杨班侯《全体大用诀》

太极拳法妙无穷，掤捋挤按雀尾生。
斜走单鞭胸膛占，回身提手把着封。
海底捞月亮翅变，挑打软肋不容情。
搂膝拗步斜中找，手挥琵琶穿化精。
贴身靠近横肘上，护中反打又称雄。
进步搬拦肋下使，如封似闭护正中。
十字手法变不尽，抱虎归山採挒成。
肘底看捶护中手，退行三把倒转肱。
坠身退走扳挽劲，斜飞着法用不空。
海底针要躬身就，扇通臂上托架功。
撇身捶打闪化式，横身前进着法成。
腕中反有闭拿法，云手三进臂上攻。
高探马上拦手刺，左右分脚手要封。
转身蹬脚腹上占，进步栽捶迎面冲。
反身白蛇吐信变，采住敌手取双瞳。
右蹬脚上软肋踹，左右披身伏虎精。
上打正胸肋下用，双风贯耳招法灵。
左蹬脚踢右蹬式，回身蹬脚膝骨迎。
野马分鬃攻腋下，玉女穿梭四角封。
摇化单臂托手上，左右用法一般同。
单鞭下势顺锋入，金鸡独立占上风。
提膝上打致命处，下伤二足难留情。

十字腿法软骨断，指裆捶下靠为锋。
上步七星架手式，退步跨虎闪正中。
转身摆莲护腿进，弯弓射虎挑打胸。
如封似闭顾盼定，太极合手式完成。
全体大用意为主，体松气固神要凝。

三、杨澄甫传太极拳要论

（一）《太极拳术十要》

杨澄甫口述　陈微明笔录

（1）虚灵顶劲：顶劲者，头容正直，神贯于顶也。不可用力，用力则项强，气血不能流通，须有虚灵自然之意。非有虚灵顶劲，则精神不能提起也。

（2）含胸拔背：含胸者，胸略内涵，使气沉于丹田也。胸忌挺出，挺出则气涌胸际，上重下轻，脚跟易于浮起。拔背者，气贴于背也。能含胸则自能拔背，能拔背则能力由脊发，所向无敌也。

（3）松腰：腰为一身之主宰，能松腰然后两足有力，下盘稳固。虚实变化皆由腰转动，故曰："命意源头在腰隙"，有不得力必于腰腿求之也。

（4）分虚实：太极拳术以分虚实为第一义。如全身皆坐在右腿，则右腿为实，左腿为虚；全身皆坐在左腿，则左腿为实，右腿为虚。虚实能分，而后转动轻灵，毫不费力。如不能分，则迈步重滞，自立不稳，而易为人所牵动。

（5）沉肩坠肘：沉肩者，肩松开下垂也。若不能松垂，两肩端起,则气亦随之而上,全身皆不得力矣。坠肘者,肘往下松坠之意,肘若悬起,则肩不能沉,放人不远,近于外家之断劲矣。

(6)用意不用力:《太极拳论》云:此全是用意不用力。练太极拳,全身松开,不使有分毫之拙劲,以留滞于筋骨血脉之间,以自缚束。然后能轻灵变化,圆转自如。或疑不用力何以能长力?盖人身之有经络,如地之有沟洫。沟洫不塞而水行,经络不闭则气通。如浑身僵劲满经络,气血停滞,转动不灵,牵一发而全身动矣。若不用力而用意,意之所至,气即至焉。如是气血流注,日日贯输,周流全身,无时停滞。久久练习,则得真正内劲,即《太极拳论》中所云:"极柔软,然后极坚刚"也。太极拳功夫纯熟之人,臂膊如绵裹铁,分量极沉;练外家拳者,用力则显有力,不用力时,则甚轻浮。可见其力乃外劲浮面之劲也。不用意而用力,最易引动,不足尚也。

(7)上下相随:上下相随者,即《太极拳论》中所云:"其根在脚,发于腿,主宰于腰,形于手指,由脚而腿而腰,总须完整一气"也。手动、腰动、足动,眼神亦随之动。如是方可谓之上下相随,有一不动,即散乱也。

(8)内外相合:太极拳所练在神。故云:"神为主帅,身为驱使"。精神能提得起,自然举动轻灵。架子不外虚实开合。所谓开者,不但手足开,心意亦与之俱开,所谓合者,不但手足合,心意亦与之俱合。能内外合为一气,则浑然无间矣。

(9)相连不断:外家拳术,其劲乃后天之拙劲。故有起有止,有续有断,旧力已尽,新力未生,此时最易为人所乘。太极拳用意不用力,自始至终,绵绵不断,周而复始,循环无穷。原论所谓"如长江大海,滔滔不绝",又曰:"运劲如抽丝"。皆言其贯串一气也。

(10)动中求静:外家拳术,以跳掷为能,用尽气力,故练习之后,无不喘气者。太极拳以静御动,虽动犹静,故练架子愈慢愈好。慢则呼吸深长,气沉丹田,自无血脉偾张之弊。学者细心体会,庶可得其意焉。

（二）《太极拳之练习谈》

杨澄甫口述　　张鸿逵笔录

中国之拳术，虽派别繁多，要知皆寓有哲理之技术，历来古人穷毕生之精力，而不能尽其玄妙者，比比皆是，学者若费一日之功力，即得有一日之成效，日积月累，水到渠成。

太极拳，乃柔中寓刚，绵里藏针之艺术，于技术上、生理上、力学上，有相当之哲理存焉。故研究此道者，须经过一定之程序与相当之时日，虽然良师之指导、好友之切磋，固不可少，而最紧要者，是在逐日自身之锻炼。否则谈论终日，思慕经年，一朝交手，空洞无物，依然是门外汉者，未有逐日功夫。古人所谓，终思无益，不如学也。若能晨昏无间，寒暑不易，一经动念，即举摹练，无论老幼男女，及其成功则一也。

近来研究太极拳者，由北而南，同志日增，不禁为武术前途而喜。然同志中，专心苦练，诚心向学，将来不可限量者，固不乏人，但普通不免入于两途，一则天才既具，年力又强，举一反三，颖悟出群，惜乎稍有小成，便是满足，遽迩中辍，未能大受；其次急求速效，忽略而成，未经一载，拳、剑、刀、枪皆已学全，虽能依样葫芦，而实际未得此中三昧，一经考究其方向动作，上下内外，皆未合度，如欲改正，则式式皆须修改，且朝经改正，而夕已忘却。故常闻人曰："习拳容易改拳难"。此语之来，皆由速成而致此。如此辈者，以误传误，必致自误误人，最为技术前途忧者也。

太极拳开始，先练拳架。所谓拳架者，即照拳谱上各式名称，一式一式由师指教，学者悉心静气，默记揣摹，而照行之，谓之练架子。此时学者应注意内外上下：属于内者，即所谓用意不用力，下则气沉丹田，上则虚灵顶劲；属于外者，周身轻灵，节节贯串，由脚而腿而腰，沉肩曲肘等是也。初学之时，先此数句，朝夕揣摹，而体会之，一式一手，总需仔细推求，举动练习，务求正确。习练既纯，再求二式，于是逐渐而至于习完。如是则毋事改正，日久亦不致更变要领也。

习练运行时，周身骨节，均须松开自然。其一，口腹不可闭气；其二，四肢腰腿，不可起强劲。此二句，学内家拳者，类能道之，但一举动，一转身，或踢腿摆腰，其气喘矣，其身摇矣，其病皆由闭气与起强劲也。

（1）摹练时头部不可偏侧与俯仰，所谓要"头顶悬"，若有物顶于头上之意，切忌硬直，所谓悬字意义也。目光虽然向前平视，有时当随身法而转移，其视线虽属空虚，亦为变化中一紧要之动作，而补身法手法之不足也。其口似开非开，似闭非闭，口呼鼻吸，任其自然。如舌下生津，当随时咽入，勿吐弃之。

（2）身躯宜中正而不倚，脊梁与尾闾，宜垂直而不偏；但遇开合变化时，有含胸拔背、沉肩转腰之活动，初学时节须注意，否则日久难改，必流于板滞，功夫虽深，难以得益致用矣。

（3）两臂骨节均须松开，肩应下垂，肘应下曲，掌宜微伸，手尖微曲，以意运臂，以气贯指，日积月累，内劲通灵，其玄妙自生矣。

（4）两腿宜分虚实，起落犹似猫行。体重移于左者，则左实，而右脚谓之虚；移于右者，则右实，而左脚谓之虚。所谓虚者，非空，其势仍未断，而留有伸缩变化之余意存焉。所谓实者，确实而已，非用劲过分，用力过猛之谓。故腿曲至垂直为准，逾此谓之过劲。身躯前扑，即失中正姿势。

（5）脚掌应分踢腿（谱上左右分脚或写左右起脚）与蹬脚二式。踢腿时注意脚尖，蹬腿时则注意全掌，意到而气到，气到而劲自到，但腿节均须松开平稳出之，此时最易起强劲，身躯波折而不稳，发腿亦无力矣。

太极拳之程序，先练拳架（属于徒手），如太极拳、太极长拳；其次单手推挽、原地推手、活步推手、大捋、散手；再次则器械，如太极剑、太极刀、太极枪（十三枪）等是也。

练习时间，每日起床后两遍，若晨起无暇，则睡前两遍。一日之中，应练七八次，至少晨昏各一遍。但醉后，饱食后，皆宜避忌。

练习地点，以庭园与厅堂，能通空气，多光线者为相宜。忌直射之烈风与有阴湿霉气之场所，因身体一经运动，呼吸定然深长，故烈风与霉气，如深入腹中，有害于肺脏，易致疾病也。练习之服装，宜宽大之中服短装与阔头之布鞋为相宜。习练经时，如遇出汗，切忌脱衣裸体，或行冷水揩抹，否则未有不罹疾病也。

（三）《论太极推手》

杨澄甫口述　陈微明笔录

世间练太极者，亦不在少数。宜知分别纯杂，以其味不同也。纯粹太极，其臂如棉裹铁，柔软沉重。推手之时，可以分辨。其拿人之时，手极轻而人不能过。其放人之时，如脱弹丸，迅速干脆，毫不受力。被跌出者，但觉一动，并不觉痛，已跌出丈余矣。其粘人之时，并不抓擒，轻轻粘住，即如胶而不能脱，使人双臂酸麻不可耐。此乃真太极也。若用力按人推人，虽亦可以制人，将人打出。然自己终未免吃力，受者亦觉得甚痛，虽打出亦不能干脆。反之，吾欲以力擒制太极拳能手，则如捕风捉影，处处落空。又如水上踩葫芦，终不得力。